JIYU KECHENG SIZHENG DE

XIFANG JINGJIXUE JIAOXUE YANJIU

基于课程思政的
西方经济学教学研究

张　治　王慧敏　李海超　著

天津社会科学院出版社

图书在版编目（CIP）数据

基于课程思政的西方经济学教学研究 / 张治，王慧敏，李海超著. -- 天津 ： 天津社会科学院出版社，2023.6

ISBN 978-7-5563-0890-3

Ⅰ．①基… Ⅱ．①张… ②王… ③李… Ⅲ．①西方经济学－教学改革－高等学校 Ⅳ．①F0-08

中国国家版本馆 CIP 数据核字(2023)第 104011 号

基于课程思政的西方经济学教学研究
JIYU KECHENG SIZHENG DE XIFANG JINGJIXUE JIAOXUE YANJIU

选题策划：韩　鹏
责任编辑：王　丽
责任校对：杜敬红
装帧设计：高馨月
出版发行：天津社会科学院出版社
地　　址：天津市南开区迎水道 7 号
邮　　编：300191
电　　话：(022) 23360165
印　　刷：高教社（天津）印务有限公司
开　　本：787×1092　　1/16
印　　张：14
字　　数：182 千字
版　　次：2023 年 6 月第 1 版　　2023 年 6 月第 1 次印刷
定　　价：78.00 元

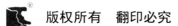

内容简介

　　2016 年 12 月,在全国高校思想政治工作会议上,习近平总书记指出:"要用好课堂教学这个主渠道,思想政治理论课要坚持在改进中加强……其他各门课都要守好一段渠、种好责任田,使各类课程与思想政治理论课同向同行,形成协同效应。"习近平总书记这一论断明确了新时代对高校思想政治理论课和其他各类课程的新诉求、新挑战,为高等院校思想政治教育工作的开展指明了新的方向。

　　课堂是大学生接受教育的主渠道。一直以来,大家普遍认为:教育分为知识教育和价值观教育,专业课程主要承担的是知识教育,不分担价值观教育;而思想政治理论课程既承担知识教育,也承担价值观教育。因此,对大学生进行价值观教育的重担自然而然地落到了思想政治理论课程的身上。实际上,高等院校的专业课程同样具有丰厚的思想政治教育资源,如果可以充分利用,就可以使专业课程和思想政治课程相互配合,从不同的视角一起对学生进行价值观教育,从而取得更好的思想政治教育效果。"课程承载思政,思政寓于课程"成为新时代下提升大学生思想政治教育实效性的一剂良药。

　　新的教学目标对专业课教师提出了新的挑战,为了完成课程思政的教学任务,要求专业课教师在完成知识教育的基础上,进一步挖掘专业课程当中所蕴含的思想政治教育资源,并对思政资源进行加工,融入知识传授的过程中,使大学生在接受知识教育的同时,受到价值观的熏陶和洗礼。

西方经济学是高等院校经济类专业和管理类专业普遍开设的一门专业必修课程,由微观经济学和宏观经济学两部分组成,具有授课时间长、受众面广的特点。而且西方经济学课程蕴含着丰富的思想政治教育资源,非常适合开展思政教育。

改革开放四十多年来,中国取得了辉煌的建设成就:在经济发展方面,中国已经成为世界第二大经济体,建立了门类齐全的工业体系;在人民生活方面,中国人民通过改革开放过上了幸福生活,人民生活质量不断提升;在综合国力方面,综合国力显著增强,国际地位显著提高;在国家发展方面,中华民族迎来了从站起来到富起来、强起来的伟大飞跃。

西方经济学可以将中国在经济建设方面所取得的成就纳入课程教学,如果能将中国特色社会主义核心价值观、习近平新时代中国特色社会主义思想等思政内容也融入西方经济学课程的教学过程中,将更有利于贯彻新时代教育方针、有利于落实立德树人的根本任务。

本书致力于两个主题:一是对西方经济学理论框架进行梳理,解决西方经济学教学过程当中遇到的困难,保证西方经济学知识传授功能的完成,为西方经济学课程思政功能的实现奠定基础;二是深度挖掘西方经济学课程中蕴含的思政元素,探究西方经济学课程思政建设的主要内容,找到西方经济学课程思政建设的策略。本书由张治、王慧敏、李海超三位老师结合自身研究优势共同撰写。全书内容分为十章,合计 182 千字。本书第二章、第四章、第六章由张治老师撰写,共计 60 千字。本书第三章、第七章、第九章由王慧敏老师撰写,共计 64 千字。本书第一章、第五章、第八章、第十章由李海超老师撰写,共计 58 千字,具体内容如下:

第一章为绪论部分。本章从整体性的视角对中国高等院校"课程思政"建设研究进行把握,从研究背景中指明我国高等院校"课程思政"建设的动态环境、定位、研究意义;从国内研究现状中阐释、对比、分析、概括当前我国西方经济学课程思政建设取得的成果和存在的不足。

本书第二章到第五章属于微观经济学篇。专业课程是课程思政的基础,做好课程思政首先要理清课程的理论体系,在清晰的理论体系指导下挖掘思政因素。微观经济学由众多理论组成,由于各个组成理论在内容的篇幅上有所差异,教材在章节安排上,时而一章介绍一个理论,时而一个理论由多个章节进行介绍。学生在学习微观经济学时,往往是逐一学习微观经济学的每个章节,由于不了解微观经济学理论体系的构成,学生在学习时就会出现混乱和茫然的现象。

第二章对微观经济学的理论体系予以梳理,将微观经济学按照从总体到局部的顺序予以划分,首先将微观经济学划分为市场均衡理论和市场失灵理论,再将市场均衡理论划分为一般均衡理论和局部均衡理论,再将局部均衡理论划分为最终产品市场局部均衡理论生产要素市场局部均衡理论,最后依据均衡的原则构建局部均衡理论的框架。微观经济学理论体系的梳理可以为教师教授微观经济学和学生学习微观经济学扫清障碍。

在对微观经济学理论框架进行梳理的基础上,第三章和第四章挖掘微观经济学中存在的思想政治教育资源。第三章挖掘了微观经济学导论中所蕴含的思想政治教育资源。在微观经济学导论当中经常犯的一个错误,即将经济学的研究对象与微观经济学的研究对象相混淆。经济学的研究对象是稀缺性。稀缺性反映了人类欲望的无限性与资源的有限性的矛盾。经济学家们认为,稀缺性是人类面临的永恒的问题。任何社会,不论它的社会经济制度如何,也不论它处在什么历史年代,都会面临人类需要的无限性和满足需要资源的稀缺性之间的矛盾。微观经济学和经济学是两个不同的概念,微观经济学从属于经济学,是经济学的一个分支。微观经济学研究的是资源配置问题。人类社会的基本活动是物质资料生产,但人类掌握的资源是有限的,于是就产生了有限的资源应该生产什么、生产多少、如何生产等问题,这些问题被统称为资源配置问题。微观经济学研究的是在物质资料生产过程当中，市场是如何起到资源配置作用的一门科学。而资源配置问题起源于稀缺性问题。所以，微观经济学从属于经济学，是经济学的一个分支。

在明确了微观经济学是研究资源配置的一门科学后，就可以将经济体制改革融入微观经济学导论的教学过程。新中国刚成立时，一方面，由于之前长期处于"三座大山"的剥削，以及常年的战乱当中，中国的经济极其落后，同时还面临着西方资本主义国家的威胁。在那种情况下，我国确立了计划经济体制，通过计划经济，将有限的资金、物资和人才集中用于大规模的工业化建设，使我国在短期内建立起比较完整的工业体系，为国家的安全以及经济的发展做出了重要的贡献。但是，高度集中的计划经济也为中国经济的发展留下了隐患，经济发展的动力不足。1978 年 12 月，党的十一届三中全会实现伟大历史转折，正式拉开了我国改革开放伟大事业的序幕。其中经济体制改革就是资源配置方式的一次革命。

在改革开放四十周年的庆祝大会上，习近平总书记发表重要讲话，指出："40 年的实践充分证明，改革开放是党和人民大踏步赶上时代的重要法宝，是坚持和发展中国特色社会主义的必由之路，是决定当代中国命运的关键一招，也是决定实现'两个一百年'奋斗目标、实现中华民族伟大复兴的关键一招。"通过将经济体制改革纳入微观经济学课程，可以使学生们了解：在社会主义条件下发展市场经济，是我们党的一个伟大创举。

第四章介绍了将 ERP 沙盘引入西方经济学生产者行为理论教学的一个尝试。微观经济学在鼓励学生们积极投入经济建设的同时，更鼓励同学们对国家建设做出有效贡献。由于商品的自身矛盾，国富民强目标的实现不仅仅取决于生产能力的提高，还取决于企业部门能生产出被国家和人民需要的产品。在市场经济当中，市场起到资源配置的作用，决定企业应该生产什么产品，以及如何进行生产。这就要求企业必须服从市场规律，按市场规律办事。学生应该认真学习市场规律，为企业的决策提供帮助。

　　为了使微观经济学能更好地被学生理解,以及课程思政内容更好地获得学生的认同,在生产者行为理论的教学中引入 ERP 沙盘,使学生可以通过实践来理解理论。ERP 沙盘是对企业经营的一种仿真,将学生分为六组,每组运营一个企业,并进行对抗,在企业运营过程当中,每组学生需要做出一系列经济决策,包括:广告费投入,原材料采购规划,手工线的购买与出售,产品的研发、生产,市场开拓,ISO 认证,银行贷款等,并需要学生对经营结果进行记账,编写会计报表。通过六年的 ERP 沙盘运营,使学生对企业的运营有一个大体的了解,并掌握一些经济决策方法,树立经营的观念。希望通过在西方经济学教学中增加实践环节,培养学生运用所学知识,分析经济问题,作出正确经济决策的能力,并希望学生能为企业的发展以及国家的富强贡献出更多的力量。

　　第五章对微观经济学和政治经济学两种价格理论体系进行了比较。微观经济学和政治经济学都是经济类、管理类本科生必修的专业基础课。在微观经济学和政治经济学当中,都有关于价格决定的内容,并且对于这一问题,微观经济学和政治经济学有不同的观点。微观经济学认为价格由需求和供给两个力量决定。而政治经济学认为,价格是价值的货币表现,商品的价值由生产商品的社会必要劳动时间决定。学生在学习完两门课程后,会产生价格到底由什么决定的疑问。为解决这一问题,本章拟对微观经济学和政治经济学中的价格理论进行梳理,并分析两个理论之间的联系与区别。

　　本书第六章到第十章属于宏观经济学篇,第六章对宏观经济学中三次出现的均衡国民收入问题进行分析。在宏观经济学教材中, 先后三次出现了均衡国民收入:第一次均衡国民收入出现在 NI-AE 模型中;第二次均衡国民收入出现在 IS-LM 模型中;第三次均衡国民收入出现在 AD-AS 模型中。在宏观经济学的三个模型当中都出现了均衡国民收入,并相应地给出了均衡国民收入的三种计算方法,这给教师教授宏观经济学,以及学生学习宏观经济学都造成了困难。对于刚刚接触宏观经济学的学生来说,很难搞懂三种均衡国民收入的区别,也搞不清楚为什么会有三种均衡国民收入的计算方法。

宏观经济学是一门不断发展的学科,在宏观经济学中出现三种均衡国民收入计算方法,是对均衡国民收入认识不断加深的结果。

NI-AE 模型反映的是凯恩斯的观点,凯恩斯在创立宏观经济学之初,认为总供给是过剩的,无论总需求的水平是多少,总供给总是能够给予满足,所以,总需求是总需求和总供给这对矛盾的主要方面,均衡国民收入的高低主要由总需求水平来决定。

IS-LM 模型是希克斯和汉斯对凯恩斯理论的补充和发展。在凯恩斯的通论当中,凯恩斯已经认识到,货币对于实体经济是有影响的,即认为货币不是中性的。凯恩斯还通过利息率将货币经济和实物经济两种经济联系起来,其内容是:均衡利息率由货币市场决定,而在实体经济中,均衡利息率的高低会影响投资,从而影响到国民收入水平;均衡国民收入水平是在最终产品市场上决定,而均衡国民收入水平又会影响货币需求和利率。即产品市场和货币市场是相互影响的两个市场。但是,对于自己的这个观点,凯恩斯并没有用一种模型进行表述。在对凯恩斯理论进行研究的基础上,希克斯和汉森建立了 IS-LM 模型,用以表达产品市场和货币市场之间的相互作用,从而使凯恩斯的理论得到了更为完善的表述。在 IS-LM 模型中,均衡国民收入的含义不同于 NI-AE 模型中的均衡国民收入概念,IS-LM 模型中的国民收入将货币市场纳入分析,其含义是最终产品市场和货币市场同时均衡时的国民收入水平。

AD-AS 模型则是将总供给纳入宏观经济学的分析范畴,认为均衡国民收入是总需求和总供给相等时的国民收入水平。

三种均衡收入反映了经济学家对于均衡国民收入问题认识的不断发展,越来越多的因素被纳入考虑范围,从而出现了三种不同的均衡国民收入计算方法。另外,对于新理论的加入,宏观经济学教材采用的是百科全书式的平行论述,并没有对新旧理论之间的逻辑关系进行梳理,从而造成宏观经济学中出现了三种并列的均衡国民收入计算方法。对于这一问题,本书提出使用国民收入需求量概念替代 NI-AE 模型和 IS-LM 模型中的均衡国民收入,从而保持均衡国民收入概念的唯一性。

第七章对宏观经济学理论体系进行梳理。与微观经济学相比较,宏观经济学的教学难度更大。这是因为微观经济学成书时间较长,理论体系非常严谨,学生学习微观经济学的困难主要在于不能很好地理解微观经济学的理论体系。所以,教师需要做的是在介绍微观经济学各个组成理论的同时,注意介绍各个组成理论在微观经济学的理论体系中的作用,这样就可以很好地解决学生在学习微观经济学时遇到的困难。而宏观经济学由于出现时间相对较短,又处于发展中,导致宏观经济学的理论体系并不像微观经济学一样严谨,教师不仅需要对宏观经济学的理论框架进行梳理,也需要对宏观经济学的组成理论重新进行安排,使其符合宏观经济学的理论框架的逻辑,这就加大了宏观经济学的教学难度。本章内容旨在对宏观经济学的理论体系进行梳理,为宏观经济学教学,以及将课程思政融入宏观经济学铺平道路。

第八章对经济循环模型进行研究。经济循环模型对于最终产品市场均衡条件的讲解至关重要。但是,由于经济循环模型存在主体二元化问题,现有的经济循环模型并不能很好地完成解释最终产品市场总需求和总供给分解的任务。为此,本章以马克思相关经济理论为基础,对经济循环模型进行重构,以求更好地发挥经济循环模型对于宏观经济运行的解释作用,为宏观经济学教学提供一种新的方法。

第九章对 NI-AE 模型推导方式进行教学研究。NI-AE 模型是宏观经济学的基础模型,该模型主张通过增加总需求以增加国民收入水平。该模型的推导过程会给学习者造成一种假象,即令国民收入水平增加的关键因素是增加边际消费倾向。勤俭节约是中华民族传统美德,是我们党的传家宝。党的十八大以来,习近平总书记多次强调要坚持勤俭办一切事业,坚决反对讲排场比阔气,坚决抵制享乐主义和奢靡之风。基于此,本章探求 NI-AE 模型的新的推导方法,突出储蓄在国民经济中的重要性,为学生树立勤俭节约的世界观、价值观。

第十章以马克思主义劳动价值论和失业理论为基础,对宏观经济学总供给曲线的推导过程进行分析。宏观经济学总供给曲线的推导过程,运用了微观经济学中的劳动市场局部均衡理论和生产理论。劳动市场局部均衡价格理论中,虽然劳动需求曲线和劳动供给曲线反映的都是工资水平与劳动之间的关系,但劳动需求曲线反映的是工资水平和劳动力人数之间的关系;而劳动供给曲线反映的是工资水平和劳动供给量之间的关系,劳动供给量以小时为单位。所以劳动需求曲线所代表的劳动和劳动供给曲线所代表的劳动单位是不一致的,这就导致对总供给曲线的推导不够严谨。

本章认为,对于劳动供给曲线的推导,不应采用从分析单个劳动供给者劳动供给行为出发,再将所有劳动供给者的劳动供给进行加总的分析模式。这种分析方法推导出的劳动供给曲线,反映的是劳动小时数与工资水平的关系。为解决劳动需求曲线和劳动供给曲线存在单位不统一的问题,本书探索一条从人口分类出发,通过非劳动力人口和劳动力人口之间的相互转换,推导劳动供给量的新方法。

目 录

第一章　绪　论

一、研究背景与意义

(一) 研究背景

党的十八大开启了中国特色社会主义的新篇章、迈上新征程,开始进入新时代。新时代对于我国的经济发展既是战略转型机遇期又是风险挑战期,机遇和挑战并存。战略转型的机遇期表现为:创新不竭的动力和源泉,立足新时代发展的大趋势,要进一步推动我国经济更好更快地高质量发展,我国要依托创新,并通过创新抑制和防范各种错误思潮,坚定青年学生的马克思主义指导思想,推动马克思主义指导思想不断发展。风险挑战期表现为:西方国家大肆宣传马克思主义"过时论""无用论""指导思想多元化""新自由主义""消除国家意识"等错误思想,妄图动摇马克思主义的指导地位,占领新时代青年的思想高地,偏移其价值取向,削弱其对马克思主义的理想信念。对此,习近平总书记着重指出:"在改革、开放过程中,有大量的外国东西涌入,其中有不少腐朽、没落的东西,首当其冲、最易受影响的是青年。"①大学生作为新时代青年群体的代表,是未来中国特色社会主义建设事业的主力军,关系着党、国家和民族的未来,坚持马克思主义指导思想不动摇,是坚持共产党的领导和建设中国特色社会主义事业的必然要求,是中华民族的根本利益之所在。国际形势的复杂性,各种错误的思潮和不良倾向容易让大学生对中国特色社会主义指导思想产生曲解。因此在新时代背景下,如何继续高举马克思主义伟大旗帜,坚持走中国特色社会主义道路,将马克思主义中国化并不断增强其世界影响力,是我国高校教育在新时代思想政治教育面临的新挑战。站在时代的拐点,多种文化相互激荡,各种思潮相互摩擦、激烈碰撞,使大学生在面对纷繁复杂的社会现象时能灵活运用马克思主义的理论、观点、方法,拨云见日,深入地分析并妥善地处理繁杂的社会问题,树立科学的世界观、人生观和价值观,是新时代思政教育的新使命,也是高校实现立德树人根本任务的重要途径。

教育是国之大计、党之大计。培养什么人、怎样培养人、为谁培养人是教育的根本问题。育人的根本在于立德,立德树人是高等教育的根本任务和时代使命,高校作为大学生价值观教育的主要阵地,肩负着为党和国家培养合格的接班人的历史使命。近年来国家高度重视思想政治教育,高校思想政治工作在党的全面领导下取得了一定的成绩。但是要践行立德树人的根本目标,单纯依靠思想政治课这单一途径是远远不够的。因此,要多管齐下,在开展思政教育的同时还全面推进课程思政教育教学改革,探索知识传播、能力培养与价值引领同频共振的有效途径,创新课程思政教育模式,形成"门门有思政、课课有特色、人人重育人"的良好局面,构建"大思政格局"。

近年来,高校教育工作者对于课程思政十分重视,课程思政在全国高校蓬勃开展,内涵不断丰富。"课程思政"研究文献发文量在2017—2020年间迅猛增加,中国知网期刊文章综述达到6580篇。但是,在"课程思

---

① 习近平.摆脱贫困[M].福州:福建人民出版社,1992:110.

政"快速发展的同时,西方经济学的课程思政工作相对落后,中国知网中关于西方经济学课程思政的文献只有 57 篇,远远小于其应占比例,对于西方经济学课程思政仍需进一步探索和研究。

西方经济学教师是我国高等院校课程思政建设的实施主体之一,是落实立德树人根本任务的重要力量,西方经济学的教学必须改变只重知识传授而忽略德行培养的状态,以立德树人为根本任务,通过对西方经济学教学内容进行分析、对思政因素和融入点进行设计,使西方经济学落实"课程思政"理念,和思政课程相互配合、同向同行,共同完成大学生思想政治教育任务。

(二) 研究意义

1. 理论意义

西方经济学课程的讲授更多基于传统的方式将西方经济学理论知识原版呈现,即在理性经济人的假设下,假定经济活动参与主体都是完全理性且自利的经济人的情况下,阐释市场如何有效地起到资源配置的作用,而对道德规范和社会主义价值导向则较少论及,课堂教学在育人中的主渠道作用被弱化甚至忽视了。

为此,本书重新梳理了西方经济学课程教学内容,着重围绕党的十九大精神、习近平新时代中国特色社会主义思想,以及中国特色社会主义市场经济发展的特殊性和伟大成就等,对西方经济学课程中的相关内容重新进行编排,深入挖掘该课程内容中的思政元素,全方位、多角度思考"思政内容"如何嵌入,并立足课程思政目标对课程教学内容进行重构。希望西方经济学课程的教学能够发挥高校在立德树人方面的应有贡献。

2. 实践意义

本书挖掘西方经济学课程中蕴含的课程思政元素及其具体教学实施

方式,批判地学习和借鉴西方经济学理论和方法,着力将立德树人的内涵贯穿于课堂教学中,这些都有助于将马克思主义的理论、观点、方法潜移默化地让学生入脑入心,进一步夯实思想政治教育学科的理论基础。

在西方经济学课程的教学中融入社会主义核心价值观、习近平新时代中国特色社会主义思想,不仅是贯彻新时代教育方针、落实立德树人根本任务的基本要求,而且是转变教育教学理念,提升经济学理论的现实解释力,满足人才培养的社会适应性的迫切需求,更是引导学生正确认识中国特色社会主义市场经济的本质特征和优越性,坚定"四个自信",培养社会主义合格的建设者和接班人的重要途径。

二、国内研究现状综述

(一)关于课程思政基本内涵的研究综述

关于课程思政的基本内涵,诸多学者就此提出了不同观点和看法。从已有的文献来看,学者们主要从四个维度对"课程思政"概念加以界定:"课程思政"不仅是一种教育理念,还是一种课程观,也是一种实践活动,更是一种协同育人的育人体系。第一个维度,"它(课程思政)不是增开一门课,也不是增设一项活动,而是一种教育理念"[1]。赵蒙成强调:"课程思政则是党的政策催生的教育理念,它是指以构建全员、全程、全课程育人格局的形式将各类课程与思想政治理论课同向同行,形成协同效应,把'立德树人'作为教育的根本任务的一种综合教育理念,为将立德树人深植于

---

[1] 张宏彬.高职院校如何实施课程思政[N].中国教育报,2019-04-16.

课程和课堂搭建了载体,其价值不言而喻。"①第二个维度,"课程思政"是一种课程观。蒲清平提出:"'课程思政'的本质不在于新的课程建设,而是一种课程观。"②第三个维度,"课程思政"是一种实践活动。刘鹤认为:"作为一种新的教育理念和教学实践,课程思政是彰显中国特色社会主义大学特征的重要内容,是培养德智体美劳全面发展的社会主义建设者和接班人的现实需要,是保障'三全育人'实现的必然选择。"③对此,也有学者强调"课程思政"是一种教育教学活动,突出了"课程思政"的目标。此外,杨国斌还主张"课程思政"是一种"有意识地开展理论传播、思想引领、价值引导、精神塑造和情感激发的教育方式"④。也有学者提出:课程承载思政,思政寓于课程。课程思政不单纯是一种教育理念,更是一项实践活动。第四个维度,"课程思政"是一种协同育人的育人体系。学者高德胜强调,"课程思政"是一种全课程、全方位的育人体系。邱伟光主张:"课程思政,简而言之,就是高校的所有课程都要发挥思想政治教育作用。"⑤杨晓慧认为:"课程思政的本质,就是以课程为载体实现思想政治教育协同,实现各类课程思想政治教育'大合唱'。"⑥娄淑华对"课程思政"作了全面的剖析,认为"'课程思政'建设的焦点目标在于确立育人与育才相统一的人才培养体系、形塑课程特质与思政元素相融合的课程体系、构建显性教育与隐性教育相支撑的教学体系、形成各类专业课程与思政课程相协同的思政

① 赵蒙成.构建"课程思政"生态圈[N].中国教育报,2019-05-07.

② 蒲清平,何丽玲.高校课程思政改革的趋势、堵点、痛点、难点与应对策略[J].新疆师范大学学报(哲学社会科学版),2021(5).

③ 刘鹤,石瑛,金祥雷.课程思政建设的理性内涵与实施路径[J].中国大学教育,2019(3).

④ 杨国斌.龙明忠.课程思政的价值与建设方向[J].中国高等教育,2019(23).

⑤ 邱伟光.课程思政的价值意蕴与生成路径[J].思想理论教育,2017(7).

⑥ 杨晓慧.关于高职思政课程引领协同课程思政的探讨[J].教育与职业,2019(18).

体系"①。

"课程思政"不仅内涵丰富,还有诸多特点。在新的时代背景下,王学俭就课程思政的特点提出"寓德于课是首要特点、人文立课是主要特点以及价值引领是核心特点"②三个方面。刘建军也就"课程思政"的特点作了总结:"课程思政"具有"广泛性、隐教性、多样性"③。肖香龙指出:"课程思政"具有"德行、人文素养以及价值引领的魅力"④。从教育理念的视角出发,伍醒对"课程思政"的特点作了诠释:"突出了课程建构精神的育人内涵、提出了'以德为先'的课程价值论、构建出'立德''求知'相统一的课程发展观。"⑤张鲲立从"课程思政"目标的角度,指出"课程思政"的特点是德才兼备。刘承功立足"课程思政"的任务,主张"'课程思政'承载的是一种教育责任、注重的是一种教育方法、要落实为一种教育体系"⑥。

(二)关于课程思政价值的研究综述

目前,国内学者关于"课程思政"价值的探讨,主要集中于两个维度:横向和纵向。从横向维度来看,高德胜认为不断改革高校课程思政的教学理念,推动教学供给与学生需求的统一是"课程思政"的价值所在。⑦ 立足教育的根本,何红娟提出,思想政治教育不仅体现在思政课程中,"课程思

① 娄淑华,马超.新时代课程思政建设的焦点目标、难点问题及着力方向[J].新疆师范大学学报(哲学社会科学版),2021(5).
② 王学俭,石岩.新时代课程思政的内涵、特点、难点及应对策略[J].新疆师范大学学报(哲学社会科学版),2020(2).
③ 刘建军.课程思政:内涵、特点与路径[J].教育研究,2020(9).
④ 肖香龙,朱珠."大思政"格局下课程思政的探索与实践[J].思想理论教育导刊,2018(10).
⑤ 伍醒,顾建民."课程思政"理念的历史逻辑、制度诉求与行动路向[J].大学教育科学,2019(3).
⑥ 刘承功.高校深入推进"课程思政"的若干思考[J].思想理论教育,2018(6).
⑦ 高德胜,聂雨晴.论马克思主义学院在课程思政改革中的实践价值[J].思想政治教育研究,2020(1).

政"也是思政教育的内在本质体现。董勇指出思想政治教育不是一成不变的,"课程思政"是思想政治教育在理念上的升华,是思政教育内涵的转型升级,是思政课程体系的再构,是创新思政教学逻辑的回归。① 有关"课程思政"的价值,朱飞也进行了全面的阐释:"课程思政"是新时代全面育人,课堂教学价值提升,高校人才培养优化,达成与思政教育系统育人的内在要求。② 从纵向维度来看,"课程思政"意义重大。基于"课程思政"在职业教育阶段中的价值,张海洋强调高职教育院校开展"课程思政"教学研究,增强思政教育的针对性和亲和力,提高高职院校思政育人的能动性,实现高校内涵式交互发展,提升中国特色社会主义话语体系与文化自信。程舒通提出"课程思政"主要突显为"政治价值、思想价值、教育价值及社会价值"③。随着"课程思政"在高职院校不断推进实现了全方面协同育人的效果,欧平主张"课程思政"的价值意义在于"课程思政"是高职院校实现立德树人根本任务的有效途径,坚持正确办学方向的有力支撑,是实现全员育人、合力育人的重要抓手。不仅如此,还有学者认为"课程思政"不仅可以促进高校大学生全面发展,还可以提升教师的职业道德,二者实现协同。

(三)关于课程思政建设存在问题的研究综述

国内学者就"课程思政"建设存在的问题进行了全面的研究和阐释,通过梳理发现问题主要集中于宏观和微观两个角度。高燕和陈冲两位学者从宏观角度提出了"课程思政"建设存在的问题。着眼于管理理念、教学方法、体制机制和改革措施四个角度,高燕提出了当前"课程思政"建设的关键问题:第一,教学设计的优化和教学内容的合理布局;第二,教学方

① 董勇.论从思政课程到课程思政的价值内涵[J].思想政治教育研究,2018(5).
② 朱飞.高校课程思政的价值澄明与进路选择[J].思想理论教育,2019(8).
③ 程舒通.职业教育中的课程思政:诉求、价值和途径[J].中国职业技术教育,2019(5).

式的创新和教学载体变革;第三,教学队伍的专业化和教学能力的提升;第四,多学科的教学合作体制的规划和激励机制的构建。陈冲总结道:"课程思政"的开展仍比较片面,支离破碎,并在形成协同育人的生态体系,在内容的输出上也只是教师的单向输出,而且"课程思政"的践行在一定程度上弱化了非思政专业课程人才培养的功能。娄淑华、张弛、汤苗苗等诸多学者从微观维度提出了自己的观点。娄淑华提出新时代背景下,发挥"课程思政"与专业课程的协同有一定困难,问题在于如何做到"课程思政"的素材与专业课程教学内容的有效衔接,如何达到教师职业素养与教学能力的提升与思政使命担当的和谐共赢,如何实现立德树人的根本任务与课程思政广度的协同并进等。汤苗苗认为"课程思政"建设重点在于如何实现马克思主义的理想信念、爱国主义情况、道德修养与专业知识的增长,阅历的提升,综合素养的培养等有机融合。张弛指出"课程思政"的思政元素的选择具有随意性,弱化了其理论支撑;传统的德育思维的惯性与教师的育德意识发生混淆;"金课"标准的解读相对片面,背离了课程思政的内容的本质;"后真相"时代,信息资源的充斥,加大了学生对信息真实性的辨识难度等问题。何红娟认为"课程思政"的教育模式要从四个方面来构建:转换思政教育理念、研究和探索大思政、开发课程思政以及教育共同体。关于如何提升"课程思政"的质量和水平上,张鲲则提出应该从教学方面入手,重构教学体系,让课堂教学更有"温度";重点突出,难点突破,真正解决"课程思政"中的教学难点;因材施教,革新教学方法,让学生变被动学习为主动自主学习,提升学习能力和教学效果。朱飞强调高校"课程思政"的实践应从教学理念、教学过程、教学方法以及教学评价等多方面发力。在高职院校范围,罗仲尤主张"课程思政"建设还要练好内功,提升专业课教师的能力和水平,要不断推进党委统一领导的课程思政机制、加强专业课教师自觉融入课程思政的意识、提升专业课教师全面育人能力并不断完善创新考评机制。杨雪琴主张"课程思政"的改革应从顶层设计抓起,着力在转变教学理念、课程建设及学情调研等方面展开。敖祖辉也提出了类似的观点和看法。王石则强调推进高职院校"课程思政"建设应立足于各学科课程思政素材的开发、传统思政理论课的改革、各项制度及考核体系的确立、切实将高职院校和研究型高校的"课程思政"建设的差异厘清,防止过犹不及。

(四)关于"西方经济学课程思政"的研究综述

南京审计大学经济学院的王晓青、许成安撰写的文章《"课程思政"的教学理念、元素挖掘与实践路径——以西方经济学课程为例》,从教学理念、元素挖掘和实践路径三个方面对西方经济学课程思政进行了研究。第一,在教学理念方面,主张西方经济学授课教师应结合中国特色在批判的基础上继承和发展。既要取其精华,保持西方经济学在应用于市场经济运行规律和政策的合理性和科学性,又要去其糟粕,匡正学生在价值观逐渐形成过程中可能导致的价值偏差,将马克思主义经济学的理论方法应用于西方经济学的教育教学的全过程中,引导学生树立科学的世界观、价值观,在批判的基础上进行学习、借鉴和讲授。第二,在思政元素挖掘上,倡导从理论逻辑体系的对比中诠释社会主义制度优越性;从经济学理论的历史与现实比较分析中彰显中国特色社会主义的道路自信、理论自信、制度自信、文化自信;从垄断导致资源配置抵消中厚植爱国主义情怀;从经济领域知名学者专家的层面吸取营养。第三,在实践路径方面,提出建立健全"课程思政"评价体系,综合检验课程改革的效果;多维度全方面提升知识体系,深化授课教师对思政教育的理解和认知;多层面深化延展教学内容,自然融入思政教育;多种教学方式兼容并蓄,实现渗透的可持续性。

湖南人文科技学院的王晓军、刘加林在《课程思政融入宏观经济学课程教学的探索》一文中,首先提出,将社会主义核心价值观、习近平新时代中国特色社会主义思想自觉融入西方经济学的教学中,这既是贯彻新时代教育方针、践行立德树人根本任务的内在要求,又是转变教育教学理念,提升西方经济学理论的实践解释力,强化人才培养目标的迫切需要。在如何深挖课程思政元素方面,作者以宏观经济学课程为例,提出应融入中国特色社会主义核心价值观教育,应深入挖掘经济伦理思想,应弘扬习近平新时代中国特色社会主义思想。在课程思政构建方面,作者总结出了深入挖掘课程思政资源的重要性,应双管齐下构建线下线上课程思政双实践;积极探索改进课程思政教学方法,丰富宏观经济学课程教学方式;健全课程考核体系,加强思政育人的考核评价;同时强化对教师的培训和研修,提高授课教师课程思政的建设意识和能力等诸多建议。

广西外国语学院会计学院的韦玮发表题为《经管类专业课程思政元素挖掘的内容与策略探索——以"微观经济学"课程为例》的文章,强调课程思政元素的挖掘应依托微观经济学教学内容。作者将微观经济学内容划分为八个板块:微观经济学概论、供求关系、消费者行为、生产者行为、市场结构、分配理论、市场失灵与微观经济政策,在经济学的理论中将课程思政案例融入其中,润物细无声。

通过整理国内学者关于"课程思政"的研究成果,可以看出当前我国高等院校已对"课程思政"的重点、难点、核心、焦点等问题作了深入的研究,取得了一定的成果。但在"课程思政"的理论深度、系统性、"课程思政"与思政课程之间的关系,以及"课程思政"的纵向研究等方面仍存在不足之处,在今后的研究中如何加以改进事关我国高校"课程思政"建设成败的关键。

第一,"课程思政"建设的理论深度尚且不够,有待进一步挖掘其理论支撑。"课程思政"建设已经取得了一定的研究成果,学者们从不同视角和维度对其进行了研究,从"课程思政"的基本内涵到"思政课程"与"课程思政"二者的关系,再到"课程思政"的价值以及"课程思政"建设存在的问题和实现路径等,这些研究成果在一定程度上对推动高校"课程思政"建设的开展具有一定的指导意义。但是学术界对"课程思政"建设过程中存在的问题剖析得不够深入,学理性不强。应深挖导致"课程思政"建设存在问题的深层次原因,完善"课程思政"的理论支撑。

第二,"课程思政"建设不全面,缺少系统性。虽然国内的学者们也从不同视角和维度对"课程思政"进行了探讨,但是其研究大多拘泥于某一或某几方面,内容比较琐碎,缺乏对"课程思政"的整体把握。

第三,"课程思政"与"思政课程"的关系研究尚不清晰。"课程思政"与"思政课程"相互促进,同向同行,这是目前学者们对"课程思政"与"思政课程"关系的主要阐释,但对二者的区别鲜有提及。因此对二者关系的研究尚不全面,需用辩证的思维进一步理清二者的关系。

第四,"课程思政"建设自身的纵向研究欠缺。各高校对"课程思政"研究涉及工学、理学、法学、管理学、医学等学科,课程从"大学生计算机基础"到"投资学",再到"细胞生物学",遍及各个专业的多种专业课程。显然,"课程思政"的横向研究已经取得了一定的研究成果,在各个高校落地、开花。但是基于"课程思政"的纵向研究少有涉及,今后的研究应着眼于"课程思政"自身的相关内容,以丰富研究内容。

三、研究方法与思路

(一)研究方法

研究方法合理运用是开展研究的重要基石,有效、恰当的研究方法运用事关研究成败,对研究的顺利开展具有重要的意义。本书在研究"课程思政"建设过程中有效运用多种研究方法,具体的研究方法如下:

1. 文献研究方法。在本书的写作过程中搜集整理了有关"课程思政"的文献,发现关于"课程思政"的主要研究资料来源于习近平总书记的讲话,及相关的学术期刊、论文等,而有关课程思政的专著相对较少。本书在搜集"课程思政"的有关文献资料的基础上,进一步整理、归纳总结,将"课程思政"建设的内容系统化地呈现出来。

2. 历史与逻辑相统一的方法。历史与逻辑相统一的方法是一种研究事物发展变化规律的唯物辩证思维方法,是指进行研究时应将事物的发展过程与事物的在内逻辑相结合,事物发展的历史过程是逻辑分析的基础,逻辑分析是历史过程的依据。西方经济学"课程思政"的研究不仅要以"课程思政"发展脉络和过程为基础,同时又要基于西方经济学的发展现状,进一步揭示其内涵,同时结合新时代的新要求对其进行改革和完善。本书立足"课程思政"的内涵,总结"课程思政"的特点,以及"课程思政"与"思政课程"之间的关系,结合我国在"课程思政"建设面临的困难和挑战,对我国"课程思政"建设的内容进行研究,为我国高校"课程思政"提出应对策略,实现历史与现实、理论与实践的辩证统一。

3. 系统论方法。系统论方法作为研究改造客观对象的基本方法,其应用贯穿于全书。在本书中"课程思政"的研究如何系统地呈现,系统论方法应用不可或缺。系统论方法是指从整体出发,全面系统地分析研究系统内要素之间、要素与系统之间、要素与环境之间,以及系统之间的关系。本书将西方经济学"课程思政"作为一个整体,研究如何达到"课程思政"与"思政课程"的协同,实现科学育人的目标。

4. 多学科交叉研究方法。西方经济学"课程思政"建设需要将"思政课程"融入西方经济学的教学中,涉及多学科内容,是"思政课程"理论应用于西方经济学的综合实践。本书西方经济学"课程思政"建设依据马克思主义的科学原理,以"课程思政"建设已有的理论方法作为指导,结合其他学科的研究成果,分析西方经济学"课程思政"发展面临的痛点问题,研究高校"课程思政"建设的发展路径,实现专业课与思政课的同向同行,促进"大思政"格局的形成,使研究更具科学性、针对性、实效性。

(二) 研究思路

本书以基本理论概述—必要性分析—理论基础解析—主要内容研究—关键问题求解—建设策略探究—改革趋势梳理为逻辑主线,以马克思主义作为理论指导,把脉我国高校"课程思政"的基本理论,分析"课程思政"建设的必要性及理论基础,在梳理其发展现状的基础上,研究"课程思政"建设的主要内容,并力求从建设的原则、方法和路径三个维度,探寻"课程思政"在高校的建设之路,指明其改革发展的趋势,实现新时代下从"课程育人"到"全课程育人"的重大转变。其中将"课程思政"建设的必要性、主要内容、策略和改革趋势几部分内容作为本书研究的重点和难点。

四、本书创新与不足之处

(一) 本书创新

第一,创新研究内容。"课程思政"作为未来具有广泛发展空间和学术研究价值的新领域,备受广大学者的关注。虽然诸多专家和学者对此进行了多角度的研究,但对"课程思政"建设的研究大多聚焦于"课程思政"的宏观研究、"课程思政"与"思政课程"之间的路径、或某单一课程的建设等,而对于"课程思政"自身内容的深挖相对不足。

本书以问题为导向,分析了"课程思政"和"思政课程"之间的关系,将我国高校西方经济学"课程思政"建设作为本书的研究对象,从"课程思政"建设出发,分析高校研究"课程思政"建设的必要性,探究如何进行"课程思政"建设,厘清"课程思政"建设所存在的问题,分析其原因并提出有效开展"课程思政"建设的策略,揭示高校开展"课程思政"建设的趋势,对于高校"课程思政"的建设具有重要的推动意义。

第二,创新研究方法。高校作为人才培养的主阵地,教学的根本目标在于育人,而"课程思政"的本质正在于此,单一的研究方法势必使研究缺乏连贯性和系统性。本书以马克思主义理论为指导,融合多种研究方法,例如,文献研究法、历史和逻辑相统一的方法、系统论法、多学科交叉研究法等,从多方位、多角度对"课程思政"开展研究,将"课程思政"的历史渊源、内涵、存在的问题及原因,建设的策略和发展趋势立体化地呈现出来。

(二) 本书不足

本书力求将"课程思政"研究深入全面。"课程思政"作为当前学术界研究的热点话题,能否取得建设性的研究成果,教师的实践能力发挥着关键作用。但是鉴于笔者的能力和工作经历,对相关问题的分析不够全面透彻。首先,教师在"课程思政"建设中具有重要的地位和作用。由于笔者工作经历不丰富,实践基础较为薄弱,能力有限,实践教学经验不足,因此在某些问题的分析和把握上不够全面、深入。其次,"课程思政"建设存在的问题及原因等涉及政治学、伦理学、哲学、教育学等多学科的内容,本书对有关问题的分析和研究尚不深入。最后,由于"课程思政"是新兴的研究课题,一般见于期刊和杂志,系统研究的图书比较少,这对本书的写作深度和准度提出了更高的挑战。

第二章　微观经济学理论体系研究

一、研究微观经济学理论框架的意义

在微观经济学的学习过程中,学生总会感到茫然:明明已经很努力地学习微观经济学的各部分理论,但就是不能将这些理论组成一个有机的整体。微观经济学的组成理论好像是无序地堆积在一起,搞不清楚微观经济学究竟在研究什么问题,要解决什么问题,也不知道应该如何有效地把握微观经济学课程的所有内容。

造成这一现象的原因是学生在学习微观经济学的过程中只注重了对微观经济学每一个组成理论的学习,而没有从总体上考虑微观经济学组成理论之间的关系,从而造成了盲人摸象,只见树木不见森林的现象。

微观经济学由九个组成理论构成,分别是:均衡价格理论,消费者行为理论,生产理论,成本理论,完全竞争市场,不完全竞争市场,生产要素市场和收入分配,一般均衡理论和效率,以及市场失灵和微观经济政策。与组成理论相对应,微观经济学教材的内容也被划分为九章,每一章介绍一个理论。在微观经济学教材中,并没有单独设立一章,专门介绍微观经济学的理论框架,即各个理论之间的关系。在不了解微观经济学的理论框架的前提下,学生开始逐一学习每一个组成理论,这就会导致学生出现前面所说的混乱和茫然的现象。

既然导致学生混乱和茫然的原因是学生不了解微观经济学的理论框架,那么对微观经济学理论内容进行归纳总结,将微观经济学的理论体系梳理清楚,就是帮助学生学习好微观经济学的关键。同时,这也是微观经济学教师的责任所在。清晰的理论体系就如同一张全景地图,可以使微观经济学的理论内容有规律地展现在学生面前,使学生对微观经济学的理论有一个总体把握,从而降低学习微观经济学的难度。

微观经济学的理论框架是微观经济学教学中的一个基础问题,也是微观经济学教学的关键问题。但通过中国知网及万方数据库查询发现,就微观经济学教学主线、体系架构等内容进行总结研究的文章很少。但是,相关文章少并不意味着微观经济学理论框架是一个基础且被广为掌握,因为中国知网及万方数据库中仍有大量文章陈述微观经济学教学中的困难,并希望通过微观经济学教学方法的改革来解决这些困难。理论框架是微观经济学教学的基础,正确的理论框架有助于解决一部分微观经济学教学中的困难,因此,本书对微观经济学理论框架进行探索,希望对微观经济学教学水平的提高起到促进作用。

二、微观经济学理论框架国内研究现状

在微观经济学的教学当中,最重要的事情就是厘清微观经济学的理论框架,对于微观经济学理论框架的重要性,很多教师已经认识得非常清楚,并公开发表论文,对微观经济学理论框架进行探讨。

　　1996 年,国家计划委员会经济研究所的杨德明同志发表文章《评西方经济学的基本理论框架》,在这篇文章中,杨德明同志指出:供求均衡分析是微观经济学的理论框架。杨德明同志认为微观经济学的供求均衡价格分析由三个理论构成,分别是:供给理论、需求理论和均衡价格理论。供给理论主要对于成本问题进行分析,需求理论则是围绕消费者的效用进行分析,均衡价格理论则是同时考虑供给理论和需求理论,对供求进行综合分析。对于分配理论,杨德明同志认为:供求均衡分析、萨伊三要素分配论和边际生产力分配论是分配理论的理论框架,可以将分配理论看作均衡价格理论在生产要素市场的应用。

　　2002 年,山西财经大学经济学院得赵红梅在《山西财经大学学报(高等教育版)》发表文章《关于微观经济学体系的教学体会》,在该篇文章中,赵红梅提出了她对于微观经济学的理论框架的认识。赵红梅认为,微观经济学首先分析的是最终产品市场运行的最表面现象,即需求供给决定价格,然后微观经济学对于需求与价格呈反方向变动的原因,以及供给与价格呈同方向变动的原因予以分析,说明需求与价格呈反方向变动关系的是消费者的行为理论,说明供给与价格呈同方向变动关系的是生产者行为理论。均衡价格理论、消费者行为理论和生产者行为理论合称为最终产品市场局部均衡理论。在介绍完全竞争市场局部均衡理论之后,把微观经济学这种分析方法应用到生产要素市场。

　　2020 年,江西师范大学的王敦清在《南昌师范学院学报》发表文章《基于理性经济人思考的微观经济学框架图解》,文章指出:在微观经济学的框架研究中,大部分学者集中在罗列探讨微观经济学主体在产品及要素市场中的均衡现象,但就贯穿其中的理性经济人主线目的叙述不明,与其相对应的研究方法罗列繁杂。王敦清以图解形式,把所研究的均衡问题作为研究内容,以理性经济人的考虑作为研究目标,以边际分析方法作为研究手段,为微观经济学的学习者提供了一幅清晰的微观经济学的框架图解。

在总结前人经验的基础上,笔者对微观经济学理论框架进行分析。分析内容本来应该以"微观经济学理论框架研究"的形式予以呈现,与"研究微观经济学理论框架的意义"以及"微观经济学理论框架国内研究现状"相对应,但因其包含内容较多,所以化整为零,将微观经济学理论框架研究依据由总到分的顺序,分解成:市场均衡理论和市场失灵理论,局部均衡理论和一般均衡理论,产品市场局部均衡理论和要素市场局部均衡理论,产品市场局部均衡的结构,生产者行为理论,要素市场局部均衡。

表2-1　微观经济学理论体系1

微观经济学	市场均衡理论	局部均衡理论	最终产品市场局部均衡理论
			生产要素市场局部均衡理论
		一般均衡理论	
	市场失灵理论		

三、市场均衡理论和市场失灵理论

(一)市场均衡理论

微观经济学主要研究的是商品经济中市场如何起到资源配置作用。在微观经济学的理论框架中,家庭部门和企业部门都是市场的参与者,他们的行为都符合经济人假设。

经济人假设,也称为理性人假设,是指忽略从事经济活动的人的所有表象,而对其基本特征所进行的一般性抽象,抽象出来的经济活动参与人的最基本特征是:每一个从事经济活动的人,都试图用最小的代价去获得最大的收益,也就是说,每一个从事经济活动的人都是利己的。

经济人假设在不同的条件下有不同的表现:在家庭部门,经济人表现为追求效用的最大化;在企业部门,经济人表现为追求利润的最大化。因为二者都以利益作为行为出发点,所以称家庭部门和企业部门为私人部门,只有私人部门参与的经济模型为两部门三市场模型,在两部门三市场模型中,资源的配置完全依靠市场来完成。

家庭部门出于效用最大化的选择,在产品市场上形成需求曲线,在要素市场上形成供给曲线;企业部门出于利润最大化的选择,在产品市场上形成供给曲线,在要素市场上形成需求曲线。在产品市场和要素市场当中,需求和供给决定价格,同时又受到价格的调节,这是一个互动的过程。供求之间并不是总处于均衡的状态,当供过于求时,或者当供不应求时,称为市场不均衡。但是,不均衡不是一种稳定的状态,在价格的调节下,需求和供给总会从不均衡的状态向均衡的状态发展。家庭部门对于最终产品的需求,企业部门对于最终产品的供给,以及企业部门对于生产要素的需求,家庭部门对生产要素的供给,都是在市场机制的作用下实现均衡的。微观经济学就是关于市场作用的理论。

(二) 市场失灵理论

在现实经济当中,市场机制并不能解决所有问题。由于垄断等原因,在一些领域市场机制是无效的,也就是在这些领域出现了市场失灵的现象。当市场失灵时,为了实现资源的有效配置,就必须借助政府制度对这些领域进行干预。

综上所述,微观经济学首先分为两个部分:一是市场均衡理论,一是市场失灵理论。市场均衡理论说明市场如何起到资源配置作用,这一内容是微观经济学的重点,所占篇幅较多;市场失灵理论,说明了市场失灵的情况与原因,并明确了政府干预经济的调控边界,这一部分所占篇幅较少。虽然二者所占篇幅相差较多,但在逻辑上是并列关系。

四、局部均衡和一般均衡

根据研究的范围,市场均衡理论划分为局部均衡理论和一般均衡理论。局部均衡理论是马歇尔所创立。阿尔弗雷德·马歇尔(1842—1924)是近代英国最著名的经济学家,新古典学派的创始人,剑桥大学经济学教授,19世纪末和20世纪初英国经济学界最重要的人物。在其1890年发表的《经济学原理》中,马歇尔使用局部均衡理论,对市场经济运行原理进行了描述。

局部均衡理论是与一般均衡理论相对应的,在考察影响某一商品价格水平因素的时候,局部均衡理论重点分析商品自身价格与需求的关系,以及商品自身价格与供给的关系。至于其他商品,虽然其他商品的价格对于本商品的需求量也有影响,但由于其不是影响需求量的主要因素,故先假设其他商品价格不变,从而排除了其他商品价格和供求状况的影响。

一般均衡理论是法国经济学家瓦尔拉斯所创立。马力·爱斯普利·莱昂·瓦尔拉斯(1834—1910)是法国著名经济学家,洛桑学派创始人,其代表作是《纯粹政治经济学纲要》。

一般均衡理论认为:一切商品之间都存在着相互联系,一种商品的价格不但受到本商品的供给和需求的影响,也会受到其他商品价格变动的影响。所以,商品的价格不是孤立存在的,而是所有商品的价格处于联动当中。任何一种商品的价格必须和其他商品的价格联合决定。当所有商品都处于供给和需求均衡状态时,这种状态就被称为一般均衡。当市场处于一般均衡时,此时的价格就是一般均衡价格。与局部均衡理论不同,一般均衡说明的是商品间的普遍联系。

微观经济学教材将一般均衡理论放在局部均衡理论之后予以介绍,这就会给学生造成一种错觉,即一般均衡理论是局部均衡理论的升级,局部均衡是一般均衡理论的基础。实际上,一般均衡理论和局部均衡理论是相互独立的两个理论,它们分别从不同角度对经济问题进行研究。关于这一点,可以从局部均衡理论和一般均衡理论发表的时间得到验证:瓦尔拉斯的著作《纯粹政治经济学纲要》是1884年和1887年先后分两部分出版的;而马歇尔的《经济学原理》是1890年出版的。从出版时间来看,一般均衡理论的诞生早于局部均衡理论,由此可知,局部均衡理论和一般均衡理论并不是递进关系,而是并列关系。

五、最终产品市场局部均衡和 生产要素市场局部均衡

表2-2　微观经济学理论体系2

		均衡价格理论
局部均衡理论	最终产品市场局部均衡理论	消费者行为理论
		生产者行为理论
	生产要素市场局部均衡理论	均衡价格理论
		生产者行为理论
		消费者行为理论

价格决定问题是微观经济学的核心内容之一,关于价格决定问题,微观经济学使用了相同的范式来解释最终产品市场的价格决定问题和生产要素市场中的价格决定问题。该范式由三部分构成,分别是:均衡价格理

论、生产者行为理论和消费者行为理论。

在均衡价格理论中,依照均衡原则,市场上存在两个力量:一是需求,二是供给。需求和价格呈反方向变动,供给和价格呈同方向变动,所以需求和供给是方向相反的两个力量。当需求和供给相等时,这时的状态就被称为市场均衡状态。市场均衡状态时,商品的价格就被称为均衡价格,市场均衡状态时的数量就被称为均衡数量。新古典经济学家认为,价格是由供给和需求共同决定的。

均衡价格理论说明均衡价格是由供给和需求两个力量共同决定的,但并没有说明价格为什么和需求呈反方向变动,供给为什么和价格呈同方向变动,因此均衡价格理论本身并不完整,还需要进一步说明需求曲线、供给曲线背后的原因。而市场分为最终产品市场和生产要素市场,虽然在最终产品市场和生产要素市场当中均衡价格都是由供给和需求所决定的,但是,最终产品市场需求和价格呈反方向变动,供给和价格呈同方向变动的原因,与生产要素市场当中需求和价格呈反方向变动,供给和价格呈同方向变动的原因并不相同。也正是由于不同市场的需求曲线和供给曲线背后的原因不同,局部均衡理论分成了:最终产品市场局部均衡理论和生产要素市场局部均衡理论。

在最终产品市场当中,家庭部门是最终产品的需求者,需求和价格呈反方向变动是因为家庭部门效用最大化的行为,所以最终产品市场的需求曲线由消费者行为理论予以解释;最终产品的供给者是企业部门,供给和价格呈同方向变动是因为企业部门利润最大化的行为,所以最终产品市场的供给曲线是由生产者行为理论予以解释。在最终产品市场当中,消费者行为理论说明了价格为什么和需求呈反方向变动;生产者行为理论说明了价格为什么和供给呈同方向变动。生产者行为理论和消费者行为理论都是均衡价格理论的支撑理论,与均衡价格理论一起构成了最终产品市场的局部均衡。

在生产要素市场当中,企业部门是生产要素需求者,需求和价格的反方向变动是企业部门利润最大化的行为,所以生产要素市场的需求曲线由生产者行为理论予以解释;而生产要素的供给者是家庭部门,供给曲线背后是家庭部门出于效用最大化动机的行为,所以要素市场的供给曲线是由消费者行为理论予以解释。由此可见,生产要素市场当中,需求、供给背后的原因不同于最终产品市场需求、供给背后的原因。在生产要素市场当中,消费者行为理论说明了价格为什么和生产要素供给呈同方向变动;生产者行为理论说明了价格为什么和生产要素需求呈反方向变动。所以,消费者行为理论和生产者行为理论是生产要素均衡价格理论的支撑理论,与均衡价格理论一起构成了生产要素市场的局部均衡。

综上所述,在最终产品市场和生产要素市场当中,价格决定的说明范式是相同的,但是,需求曲线和供给曲线背后的原因不同。因此,微观经济学的局部均衡理论分为了两类,一类是最终产品市场局部均衡,一类是生产要素市场局部均衡。

六、最终产品市场局部均衡理论框架

微观经济学由均衡价格理论、消费者行为理论、生产理论、成本理论、完全竞争市场、不完全竞争市场、生产要素市场和收入分配、一般均衡理论和效率,以及市场失灵和微观经济政策九章内容构成,其中均衡价格理论、消费者行为理论、生产理论、成本理论、完全竞争市场厂商均衡和非完全竞争市场厂商均衡六章内容均属于最终产品市场局部均衡理论。从最终产品市场局部均衡理论在微观经济学中所占篇幅可知,最终产品市场局部均衡理论是微观经济学重点讲述的内容。

(一) 运用微观经济学指导思想掌握最终产品市场局部均衡理论框架

微观经济学的指导思想是均衡,所谓均衡是指一种状态,即方向相反的两个力量,力量相当、相对静止、不再变动的一种状态。在西方经济学中,均衡是一个被广泛运用的概念。它体现在微观经济学各个理论当中:

表 2-3 微观经济学理论体系 3

理论	力量一	力量二	均衡
均衡价格理论	产品需求	产品供给	产品市场均衡
消费者行为理论	无差异曲线	预算线	消费者均衡
生产者行为理论	产品成本	产品收益	厂商均衡

首先,均衡原则适用于均衡价格理论。在均衡价格理论中,存在着两个力量,一是需求,一是供给。需求和价格呈反方向变动,供给和价格呈同方向变动,需求和供给是方向相反的两个力量。当需求、供给相等时,此时的状态即为均衡,供给和需求的均衡被称为市场均衡。市场均衡状态时的价格被称为均衡价格,市场均衡状态时的数量被称为均衡数量。

其次,均衡原则适用于消费者行为理论。消费者行为理论的研究内容是消费者如何在预算的约束下,实现效用最大化。消费者实现利润最大化的过程也是在两个力量之间寻找均衡的过程,一个力量是效用,即消费者从消费商品中获得的满足程度;一个力量是预算,预算是指消费者的收入水平以及商品的价格给消费者的消费带来的约束。在预算的约束下,消费者实现效用最大化的商品组合就是消费者均衡点。

与均衡价格理论和消费者行为理论相对应,生产者行为理论也是以均衡为指导原则。厂商生产的目的是实现利润最大化,而利润等于收益和成本的差。所以生产者行为理论相对应的两个力量分别是成本和收益。生产者行为理论就是研究厂商如何在成本和收益两个力量之间寻找均衡,确定产量,以实现利润最大化的理论。

(二) 生产者行为理论框架探究

1. 生产者行为理论框架梳理

首先,很难从微观经济学的章节目录中找出生产者行为理论。这是因为,在微观经济学教材中,均衡价格理论和消费者行为理论都是由专章进行介绍的,例如在马克思主义理论研究和建设工程重点教材《西方经济学(上册)》中,均衡价格理论是由"第一章 需求、供给和均衡价格"予以介绍,消费者行为理论是由"第二章 消费者选择"予以介绍。但是,在微观经济学教材中,生产者行为理论并不是以专门一章的形式予以体现,而是分解为生产理论、成本理论、完全竞争市场厂商均衡和非完全竞争市场厂商均衡四章内容。在马克思主义理论研究和建设工程重点教材《西方经济学(上册)》中,生产理论和成本理论合并为一章,所以生产者行为理论是由"第三章 企业的生产和成本""第四章 完全竞争市场"和"第五章 不完全竞争市场"予以介绍的。所以,很难从微观经济学的章节目录中直接发现生产者行为理论,需要教师对学生进行引导。学习好最终产品市场局部均衡理论的第一步就需要将生产理论、成本理论、完全竞争市场厂商均衡和非完全竞争市场厂商等内容看作生产者行为理论进行学习。

另外,生产者行为理论的理论框架也很难从微观经济学的章节中发现。如前所述,生产者行为理论的结构框架是在成本和收益两个力量之间寻找厂商的均衡。但是,在生产者行为理论当中,关于成本的内容比较多,所以微观经济学用了生产理论和成本理论两章内容对成本这一力量进行讲述;生产者行为理论关于收益的内容比较少,所以微观经济学将收益理论以节的形式,隐含在"完全竞争市场厂商均衡"和"非完全竞争市场厂商均衡"两章当中。篇幅以及等级的不平衡,导致初学者很难将成本和收益看作是地位相等的两个力量,也就导致了初学者不能清晰地理解生产者行为理论的理论框架,造成了学习的困难。

因此,在学习生产者行为理论时,虽然成本和收益所涉及的篇幅不同,但要作为等级相同的两个力量予以学习。

2. 生产理论和成本理论讲授顺序安排研究

生产者行为理论涉及的两个力量是成本和收益。在介绍成本的时候,微观经济学并不是直接介绍成本,而是先介绍生产理论,然后从生产理论推导出厂商的成本曲线。由此可知,生产理论和成本理论的关系是:生产理论是成本理论的基础,成本曲线从生产曲线推导而来。

生产理论是成本理论的基础,而生产理论又可以分为长期和短期两种情况。长期和短期的划分不是以具体时间为标准的,而是以能否调整全部生产要素作为划分长期和短期的标准。短期是指因为时间比较短,生产者不能对全部生产要素的投入量进行调整,至少有一种生产要素的投入量固定不变的情况。由于在短期内有的生产要素的投入量可以调整,有的生产要素的投入量不能调整,所以短期内生产要素被划分为可变生产要素和不变生产要素两类;而在长期,由于时间比较充裕,所以所有生产要素的投入量都能够进行调整,长期内的生产要素都是可变生产要素。

根据全部生产要素能否进行调整,生产理论分为了长期生产理论和短期生产理论两种情况。而生产理论是成本理论的基础,所以相应的,成本理论也分为长期成本和短期成本两种情况。这样,生产理论和成本理论就被分解为四个分理论,分别为:短期生产理论、长期生产理论、短期成本理论和长期成本理论。

微观经济学教材中对于这部分内容是按照理论进行讲解的,即先介绍短期生产理论,再介绍长期生产理论,然后介绍短期成本理论,最后介绍长期成本理论。教材的这种介绍顺序不利于学生对该部分内容的理解,这是因为在逻辑上短期生产理论和短期成本理论的关系更加密切,短期成本理论以短期生产理论为基础,它与长期生产理论并没有逻辑关系。同样,长期成本理论是以长期生产理论为基础的,长期成本理论与短期生产理论和短期成本理论也没有逻辑上的关系。所以,如果按照短期生产理论、短期成本理论、长期生产理论、长期成本理论的顺序进行讲解,就会割断短期生产理论和短期成本理论之间的逻辑关系,也会割断长期生产理论和长期成本理论之间的逻辑关系,会对微观经济学理论的学习造成困难。

所以,在讲授生产理论和成本理论的时候,按照时间进行划分更加合理,在介绍完短期生产理论之后,介绍短期成本理论,然后再介绍长期生产理论和长期成本理论。为了使这种逻辑关系更加明显,可以将生产理论和成本理论两章的顺序进行重新排列组合。形成短期生产与成本分析、长期生产与成本分析两章,这将更有利于学生掌握生产理论和成本理论。

3. 市场分类和八种厂商均衡

价格是由市场需求和市场供给共同决定,但这并不意味着个人需求和单个厂商供给对于价格没有影响。市场需求是该市场当中所有个人需求的总和,所以个人对该商品的需求发生变化必将导致市场需求发生变化,从而对均衡价格造成影响;同样道理,市场供给是单个厂商供给的和,在其他厂商供给不变的情况下,某一个厂商供给量的变动必然导致整个行业供给的变动,从而导致价格的变动。

价格虽然受单个厂商供给量的影响,但在不同的情况下,单个厂商供给量对于价格的影响是不同的。同样是单个厂商产量增加一倍,如果单个厂商供给量在整个行业当中所占的比重较大,则单个厂商供给量的变动对于价格的影响较大。如果单个厂商供给量在整个行业当中所占的比重较小,那么单个厂商供给量所发生的变动对于均衡价格的影响程度就会较小。

单个厂商的供给量发生变化,其对均衡价格的影响与单个厂商供给量在整个行业当中所占的比重有关。而影响单个厂商供给量在整个行业当中所占比重的因素可以归结为四点:第一,市场当中生产厂商的数量,生产厂商越多,所占比重越小;第二,各个厂商所生产的产品的差异程度,差异程度越小,所占比重越小;第三,单个厂商对市场价格的控制程度,控制程度越小,所占比重越小;第四,进入和退出行业的难易程度,进入和退出行业的难度越小,所占比重越小。

根据单个厂商供给量在整个行业当中所占比重的不同情况,微观经济学中的市场,按照所占比重由小到大的顺序被划分为四个类型,依次为:完全竞争市场、垄断竞争市场、寡头市场和垄断市场。

单个厂商的收益等于价格乘以单个厂商的供给量,其中价格受单个厂商供给量的影响,影响程度分完全竞争市场、垄断竞争市场、寡头市场和垄断市场四种情况,所以单个厂商的收益也分为完全竞争市场厂商收益、垄断竞争市场厂商收益、寡头市场厂商收益和垄断市场厂商收益四种情况。

生产者行为理论在成本和收益两个力量之间寻找均衡,其中,成本分为短期成本和长期成本两种情况,收益分为完全竞争市场厂商收益、垄断竞争市场厂商收益、寡头市场厂商收益和垄断市场厂商收益四种情况,所以厂商的均衡就有八种情况,如表2-4所示。

表 2-4 厂商均衡的八种情况

生产者行为理论	成本	短期生产与成本分析	短期生产理论
			短期成本理论
		长期生产与成本分析	长期生产理论
			长期成本理论
	收益	完全竞争市场厂商收益	
		完全垄断市场厂商收益	
		垄断竞争市场厂商收益	
		寡头垄断市场厂商收益	
	厂商均衡	完全竞争市场均衡	完全竞争市场短期均衡
			完全竞争市场长期均衡
		完全垄断市场均衡	完全垄断市场短期均衡
			完全垄断市场长期均衡
		垄断竞争市场均衡	垄断竞争市场短期均衡
			垄断竞争市场长期均衡
		寡头垄断市场均衡	寡头垄断市场短期均衡
			寡头垄断市场长期均衡

七、生产要素市场局部均衡的理论框架

表 2-5　要素市场局部均衡理论

	劳动力市场均衡
劳动力市场局部均衡	劳动力需求曲线的推导
	劳动力供给曲线的推导
	资本市场均衡
资本市场局部均衡	资本需求曲线的推导
	资本供给曲线的推导
	土地市场均衡
土地市场局部均衡	土地需求曲线的推导
	土地供给曲线的推导

　　对生产要素市场的研究可以看成是对产品市场研究的继续和发展。与最终产品的价格决定相同,生产要素的价格也是由需求和供给两个力量共同决定的。只不过在生产要素市场当中,需求是指生产要素的需求,供给是指对于生产要素的供给。

　　均衡价格理论同样适用于要素市场。但是要素需求和要素供给背后的原因与产品市场局部均衡理论不同。

　　在要素市场当中,由于生产要素的需求者是企业部门,而不是家庭部门,所以解释生产要素需求与价格反方向变动关系的理论是生产者行为理论,而不是消费者行为理论。与厂商最终产品生产数量的决策一样,使用多少生产要素进行生产也要符合利润最大化原则,即生产要素所获得的边际收益大于或者等于生产要素的边际成本是雇佣生产要素的必要条件。

需要注意的是,边际收益和边际成本都应该被加上定语:在最终产品市场局部均衡理论当中的边际收益的准确含义应该是最终产品的边际收益,边际成本的准确含义应该是最终产品的边际成本。而要素市场局部均衡理论当中的边际收益和边际成本应该是"生产要素的边际收益"和"生产要素的边际成本"。

在要素市场当中,生产要素的供给者是家庭部门,而不是企业部门。所以解释生产要素供给量与价格之间变动关系的理论是消费者行为理论,而不是生产者行为理论。家庭部门行为的原则是效用最大化,其生产要素供给量也是出于其效用最大化的考虑。

综上所述,要素市场局部均衡理论与产品市场局部均衡理论相同,其理论框架同样是由均衡价格理论、消费者行为理论和生产者行为理论所构成。

另外,虽然在微观经济学教材中,要素市场局部均衡理论所占篇幅较少,仅为一章,但要素市场局部均衡理论所包含的内容是大于由六章构成的产品市场局部均衡理论的。产品市场局部均衡理论介绍的是某一产品的市场机制。要素市场理论当中包含了三种产品的市场机制,分别为:劳动力市场的市场机制、资本市场的市场机制,以及土地市场的市场机制。之所以要素市场局部均衡理论所占篇幅较少,是因为要素市场局部均衡理论所使用的分析方法与产品市场局部均衡理论所使用的方法相似,而产品市场局部均衡理论当中已经对分析方法进行了详细的介绍。所以在生产要素局部均衡理论当中,只需要应用这些分析方法,而不需要对分析方法进行解释。所以,生产要素市场局部均衡理论所占篇幅较少。但不能因为生产要素市场局部均衡理论所占篇幅小,而降低其在微观经济学理论框架中的地位,其地位是与产品市场局部均衡理论相同的。

附录　微观经济学教学大纲

一、教学目的、要求

(一) 教学目的

微观经济学是经济类、管理类各专业必修的一门学科教育基础课,系统地说明了商品经济条件下的市场机制作用原理,即供求变动对价格的影响以及价格变动对消费者和生产者行为的影响。课程旨在使学生系统掌握微观经济学相关知识,培养学生运用所学微观经济学理论、分析和解决实际问题的能力,同时培养学生的爱国热情,并且为学生后续学习宏观经济学奠定基础。

(二) 教学要求

要求学生系统掌握微观经济学理论体系,理解基本概念、基本假设以及图形的推导过程。

二、课程主要内容

(一)微观经济学导论

目的和要求:通过学习,学生应了解自然经济和商品经济的区别,了解市场经济和计划经济的区别,掌握微观经济学的研究对象。

主要内容:

1. 微观经济学的研究对象:自然经济、商品经济、资源配置、市场经济、计划经济;

2. 微观经济学的内容:均衡价格理论,消费者行为理论,生产者行为理论,分配理论,一般均衡与福利经济学,市场失灵与政府干预;

3. 微观经济学的研究方法:均衡、局部均衡、一般均衡、实证分析、规范分析。

重点与难点:资源配置、市场经济、均衡、局部均衡。

(二)均衡价格理论

目的和要求:通过学习,使学生了解新古典经济学关于价格形成机制的观点,要求学生掌握需求理论、供给理论、均衡价格的决定,掌握需求价格弹性,理解弹性的应用。

主要内容:

1. 需求理论:需求的概念、影响需求的因素、需求的表达、需求定理、需求量的变动与需求的变动;

2. 供给理论:供给的概念、影响供给的因素、供给的表达、供给定理、供

给量的变动与供给的变动;

3.均衡价格:市场均衡、均衡机制、供求变动对于均衡的影响;

4.需求价格弹性:需求价格弹性的概念,需求价格弹性的计算,需求价格弹性的类型及图形,需求价格弹性与总收益的关系,影响需求价格弹性的因素。

重点与难点:需求量的变动与需求的变动;供给量的变动与供给的变动;供求变动对于均衡的影响;需求价格弹性的计算。

(三)消费者行为理论

目的和要求:通过学习,使学生掌握序数效用论,并通过对消费者行为理论的应用,证明需求与价格之间的反方向变动关系。要求学生了解消费者行为理论概述,掌握无差异曲线、预算线、掌消费者均衡以及消费者需求曲线的推导。

主要内容:

1.消费者行为理论概述:消费者行为理论在微观经济学中的地位和作用、消费者行为理论的框架、消费者行为理论的两个流派;

2.无差异曲线:商品组合和商品组合空间、偏好的三个基本假设、无差异曲线的概念、无差异曲线的特点;

3.预算线:预算线的概念、预算线的图形、预算线的变动;

4.消费者均衡:消费者均衡、消费者均衡的条件;

5.需求曲线的推导:个人需求曲线的推导、市场需求曲线的推导。

重点与难点:效用的概念、边际替代率、边际替代率递减规律、预算线的变动、消费者均衡的条件、个人需求曲线的推导。

(四)短期生产与成本分析

目的和要求:通过学习,使学生了解生产者行为理论在整个微观经济学当中的作用,了解生产者行为理论的框架,知道成本曲线的形状及推导。学生应了解生产者行为理论概述,掌握短期生产理论、掌握短期成本理论。

主要内容:

1.生产者行为理论概述:生产者行为理论在微观经济学中的地位和作用、生产者行为理论的框架、生产理论和成本理论的关系;

2.短期生产理论:生产函数、短期生产函数、边际产量、总产量、平均产量;

3.短期成本理论:短期成本函数、短期成本的种类、短期成本的图形。

重点与难点:边际产量的概念、边际产量递减规律、边际产量的图形、总产量与边际产量的关系、总产量的图形、平均产量与边际产量的关系、平均产量的图形、短期成本的图形。

(五)长期生产与成本分析

目的和要求:通过学习,学生应了解规模报酬的三种情况,了解长期成本曲线的推导过程,了解长期成本曲线的图形。

主要内容:

1.长期生产理论:长期生产函数、生产要素组合与生产要素组合空间、等产量曲线的概念、等产量曲线的特点;

2.长期成本理论:等成本线的概念、等成本线的图形、等成本线的变动,既定产量条件下的最小成本、扩展线,长期总成本、长期边际成本、长期平均成本、长期平均成本与短期平均成本。

重点与难点:规模报酬、规模报酬递减规律、等成本线的变动、扩展线、长期平均成本与短期平均成本的关系、长期成本的图形。

(六)厂商收益函数及其图形

目的和要求:通过学习,学生应掌握微观经济学对于市场的分类,掌握四种市场的条件、厂商面对的需求曲线和厂商的收益曲线。

主要内容:

1. 收益函数:收益等于市场价格乘以单个厂商销售的数量;

2. 市场的类型:厂商供给对于市场价格的影响、市场的类型;

3. 完全竞争市场收益曲线:完全竞争市场的特点、完全竞争市场厂商面临的需求曲线、完全竞争市场厂商的收益曲线;

4. 完全垄断市场收益曲线:完全垄断市场的特点、完全垄断市场厂商面临的需求曲线、完全垄断市场厂商的收益曲线;

5. 垄断竞争市场收益曲线:垄断竞争市场的特点、垄断竞争市场厂商面临的需求曲线、垄断竞争市场厂商的收益曲线;

6. 寡头垄断市场收益曲线:寡头垄断市场的特点。

重点与难点:市场的类型、完全竞争市场厂商的收益曲线、完全垄断市场厂商的收益曲线、垄断竞争市场厂商的收益曲线。

(七)厂商均衡与供给曲线的推导

目的和要求:通过学习,学生应掌握厂商均衡的条件、厂商供给曲线的推导以及市场供给曲线的推导。

主要内容:

1. 厂商均衡的条件:厂商均衡的条件及原因、利润为零的含义;

2. 完全竞争厂商均衡及供给曲线的推导:厂商均衡时的盈亏、完全竞争厂商短期供给曲线推导、完全竞争市场长期供给曲线推导;

3. 完全垄断厂商均衡及供给曲线的推导:完全垄断企业的短期均衡、完全垄断企业的长期均衡、价格歧视;

4. 垄断竞争厂商均衡及供给曲线的推导:垄断竞争企业的短期均衡、垄断竞争企业的长期均衡;

5. 寡头垄断市场收益曲线:古诺模型、价格领袖模型、斯威齐模型、卡特尔模型。

重点与难点:厂商均衡的条件、厂商均衡时盈亏的五种情况,企业规模调整,行业规模调整,经济成本和会计成本。

(八) 生产要素市场局部均衡理论

目的和要求:通过学习,学生应掌握生产要素价格以及生产要素使用量的决定。

1. 完全竞争和要素需求:完全竞争厂商的要素使用原则、完全竞争厂商的要素需求曲线、完全竞争市场的要素需求曲线;

2. 要素供给的一般理论:要素供给问题、要素供给原则、预算线—无差异曲线分析、要素供给曲线;

3. 劳动和工资:劳动供给和闲暇需求、劳动供给均衡、劳动供给曲线、替代效应和收入效用、劳动市场的供求均衡和工资的决定;

4. 土地和地租:土地的供给曲线、使用土地的价格和地租;

5. 资本和利息:资本和利息的含义、资本的供给、资本市场的均衡;

6. 垄断与要素使用量和价格的决定:产品卖方垄断条件下的要素价格决定、要素买方垄断条件下的要素价格决定。

重点与难点:劳动需求曲线、劳动供给曲线、替代效应和收入效用。

(九) 一般均衡和效率

目的和要求:通过学习,学生应掌握从市场间相互联系的角度,即从一般均衡理论视角分析市场活动。

主要内容:

1. 一般均衡:局部均衡和一般均衡、瓦尔拉斯一般均衡模型、一般均衡理论的发展;

2. 经济效率和帕累托最优标准:消费者剩余、生产者剩余、帕累托最优、帕累托最优标准；

3.完全竞争和帕累托最优：完全竞争市场的一般均衡状态、均衡状态和帕累托最优条件、"看不见的手"原理。

重点与难点：瓦尔拉斯一般均衡模型、帕累托最优。

（十）市场失灵和微观经济政策

目的和要求：

主要内容：通过学习，学生应了解市场失灵现象，以及为解决市场失灵而采取的微观经济政策。

1.作为市场失灵因素的垄断：垄断和低效率、寻租活动分析、反托拉斯法、对垄断的监管；

2.公共物品和公共资源：公共物品和市场失灵、公共物品的成本收益分析、公共资源；

3.外部性和环境：外部性影响及其分类、外部性影响和资源配置低效率、纠正外部性影响的政策、外部性影响和环境保护；

4.不完全信息：信息不完全性和市场失灵、次品市场和逆向选择、保险市场和道德风险、纠正信息不完全的政策；

5.公平和收入再分配：市场调节和收入分配不平等、收入分配不平等的度量、收入再分配、公平和效率。

重点与难点：公共物品和市场失灵、外部性影响、信息不完全。

三、学时分配

学识分配情况

序号	章节	内容	学时数
1	第一章	导论	2
2	第二章	均衡价格理论	10
3	第三章	消费者行为理论	5
4	第四章	短期生产与成本理论	5
5	第五章	长期生产与成本理论	4
6	第六章	厂商的收益	2
7	第七章	厂商均衡与供给曲线的推导	8
8	第八章	生产要素市场局部均衡理论	2
9	第九章	一般均衡和效率	6
10	第十章	市场失灵和微观经济政策	4
合　计			48

四、教学环节安排

（一）课堂教学

1. 教学方法

讲授法。使用简单但严谨的逻辑推导,使每个知识点清晰明了,简单易懂;使用 PPT 的动画功能,有顺序的讲解知识点,提高学生听课率;引入恰当的案例,加深学生对于知识点的理解;介绍前沿课题,使学生对学科的发展有所了解。

练习法。建设为微观经济学题库,督促学生通过练习来加强对知识的理解。

2. 教学手段

使用 PowerPoint 课件进行教学,并与板书相结合;使用用友 ERP 沙盘。

（二）习题课和课外习题

共设八次章节测验:①均衡价格理论;②需求价格弹性;③消费者行为理论;④短期生产与成本理论;⑤长期生产与成本理论;⑥厂商均衡理论;⑦生产要素市场局部均衡理论;⑧一般均衡和效率以及市场失灵和微观经济政策。分别考查学生对于各章内容的学习情况,了解学生存在问题点,进行知识点强化。对于章节测验不合格的同学,设立章节辅导群,学生观看教师录制的课程视频并完成相应任务。

五、考核和成绩评定方法

本课程为考试课,成绩由平时成绩 30%,出勤成绩 20% 和期末成绩 50% 构成。

平时成绩由 6 次章节测验和"微观经济学理论沙盘实践"成绩构成。

章节测验 1(均衡价格理论),占 12.5%;

章节测验 2(需求价格弹性),占 12.5%;

章节测验 3(消费者行为理论),占 12.5%;

章节测验 4(短期生产与成本),占 12.5%;

章节测验 5(长期生产与成本),占 12.5%;

章节测验 6(厂商均衡理论),占 12.5%;

章节测验 7(生产要素市场局部均衡理论),占 12.5%;

章节测验 8(一般均衡和效率以及市场失灵和微观经济政策),占 12.5%。

出勤成绩依据学生出勤情况给定:旷课一学时,扣 2 分;迟到、早退超过 15 分钟,扣 1 分;迟到、早退未超过 15 分钟,扣 0.5 分。

本课程为考试课,期末以闭卷考试方式进行,严格按照评分标准,给定卷面成绩。

六、教材及参考书

[1]《西方经济学》编写组.西方经济学(第二版)上册.北京:高等教育出版社:人民出版社,2019.

[2]高鸿业.西方经济学(微观部分)(第七版).北京:中国人民大学出版社,2018.

[3]范里安.微观经济学:现代观点(第九版).上海:上海三联出版社,2015.

[4]曼昆.经济学原理:微观经济学分册(第七版).北京:中国金融出版社,2015.

[5]保罗·萨缪尔森.微观经济学(第十九版).北京:商务印书馆,2017.

第三章　将"经济体制改革"引入西方经济学教学

一、引言

习近平总书记在庆祝改革开放四十周年大会上的讲话中指出:40 年的实践充分证明,改革开放是党和人民大踏步赶上时代的重要法宝,是坚持和发展中国特色社会主义的必由之路,是决定当代中国命运的关键一招,也是决定实现"两个一百年"奋斗目标、实现中华民族伟大复兴的关键一招。西方经济学是经济类、管理类专业学生的专业必修课,是高等院校课程思政建设的重要环节,是宣传中国经济建设成果的主战场,经济体制改革理应纳入西方经济学教学体系。

在西方经济学中,最适合介绍经济体制改革的章节是导论当中的西方经济学研究对象问题。但是,经济学教学中往往混淆了经济学的研究对象和西方经济学的研究对象,误把稀缺性作为西方经济学的研究对象,这不利于经济体制改革融入西方经济学教学。为了将经济体制改革相关内容引入微观经济学的教学中,使学生了解经济体制改革的原因和过程,就需要对微观经济学的研究对象进行进一步分析,区分经济学的研究对象和微观经济学研究对象两个概念,从稀缺性矛盾中抽离出资源配置作为西方经济学专属的研究对象,从而方便将经济体制改革纳入西方经济学教学中。

二、经济学的研究对象

一般认为,经济学的研究对象是稀缺性。稀缺性是指现实生活当中,人们在某段时间内所拥有的资源数量不能满足人们欲望的一种状态。它反映人类欲望的无限性与资源的有限性的矛盾。稀缺性是困扰人类的一个永恒的问题。任何社会不论社会经济制度如何,也不论处在什么历史年代,都会面临稀缺性问题,而经济学就是人们在与稀缺性作斗争的过程中产生的一门科学。

经济学以稀缺性为研究对象,决定了经济学的研究范畴十分广泛。20世纪90年代,诺贝尔奖获得者加里·贝克尔用经济学的基本概念和方法来解释犯罪、家庭、教育等非经济问题,并取得了极好的效果。贝克尔的获奖表明许多传统意义上的"非经济学"研究领域可以纳入经济学研究范畴。

三、西方经济学的研究对象

西方经济学教学中经常犯的一个错误是将经济学的研究对象作为西方经济学的研究对象,即将稀缺性作为西方经济学的研究对象,这实际上混淆了经济学和西方经济学两个概念。

西方经济学和经济学不是等同的概念,西方经济学从属于经济学,是经济学的一个分支,专门研究物质资料生产过程当中的资源配置问题。人类社会的基本活动是物质资料生产,即人们自己生产来满足自己的需求,但人类掌握的资源是有限的,于是就产生了有限的资源应该生产什么、生产多少、如何生产等问题,这些问题统称为资源配置问题。可见,资源配置问题起源于稀缺性,所以西方经济学从属于经济学。

四、西方经济学研究对象讲解初探

(一)物质资料生产

经济体是对某个区域的经济组成进行的统称和划分,它可以是一个国家,或者一个地区,或地区内的国家群体。从本质上讲,经济体是出于经济原因而形成的人的集合,经济体的根本的任务就是进行物质资料生产,因为经济体的成员需要通过物质资料生产获得自己需要的产品,满足自己的需求,以过上幸福的生活。

物质资料生产可以被看作是一个投入生产要素得到产出的过程。在西方经济学中,生产要素被归纳为劳动、资本、土地、企业家才能四类。一般认为,产出量与生产要素的投入量成正比:投入的生产要素多,得到的产出多;投入的生产要素少,得到的产出少。

物质资料生产是一个复杂的过程,投入生产要素的数量只是影响产量的一个因素,产量还要受其他许多因素的影响,而其中一个重要的影响因素就是生产关系。生产关系是在物质资料的生产过程中人们相互之间所形成的一种社会关系,包括生产资料所有制的形式,人们在生产中的地位和相互关系,产品分配的形式等。其中,生产资料所有制的形式是最基本的生产关系。

(二) 自然经济和商品经济

自然经济和商品经济是人类社会发展至今存在过的两种最基本的经济形式。

在自然经济条件下,生产要素全部掌握在家庭部门的每一个家庭手中,自然经济的物质资料生产是以家庭为基本单位的,家庭用自己的生产资料,生产自己需要的产品,满足自己的需求。而家庭与家庭之间没有必然的经济联系。

物质资料生产的另外一种方式就是商品经济。在商品经济当中,生产要素仍然掌握在家庭手中,但是,家庭不再作为生产单位,而是将自己所拥有的生产资料全部注入企业部门,企业部门对各种生产资料进行组合,形成企业,生产在企业中进行,生产出产成品后,再将产成品返给家庭部门。

以家庭为基本生产单位的自然经济,其最大的缺点就是生产规模小,不能发挥分工协作的优势,造成自然经济的生产力水平一般比较低下。与自然经济不同,商品经济的生产是在企业里进行的,克服了家庭单位生产规模小、无法实现专业化生产的缺点,实现了生产力水平的飞跃。逐渐地,商品经济取代自然经济成为经济体普遍采用的生产方式。

(三) 资源配置

在自然经济条件下,家庭部门用自己的生产资料生产自己需要的产品,生产者和需求者是统一的,都是有效的生产。但是在商品经济条件下,生产者和需求者发生了分离。这导致了生产的盲目性,所以商品经济客观上需要有一个指挥系统来指挥整个经济体的生产、分配过程,这个指挥系统所起的作用被称为资源配置。资源配置是商品经济的重要一环,是商品经济优势能否充分发挥的关键所在。

资源配置问题可以归纳为三个问题:第一个问题是生产什么商品,以及每种商品生产多少的问题。这个问题经常被简称为"生产什么,生产多少"。其含义是,由于资源是有限的,所以生产某一种产品所用的资源的数量多了,用于生产其他产品的资源的数量就必然会减少。所以资源配置必须解决以怎样的机制来分配稀缺资源,以满足人们多样的需要。第二个问题是使用哪种生产要素进行生产的问题,这个问题被简称为"如何生产"。生产一种商品可以使用不同的生产要素组合,既可以多使用劳动、少使用资本,也可以少使用劳动、多使用资本,具体使用哪种生产要素组合,也需要由市场的资源配置进行解决。第三个问题是生产出的商品如何进行分配的问题。这个问题被简称为"为谁生产"。企业部门生产出来的产品相对于家庭部门的需求是有限的,那么这些产品如何进行分配也需要进行资源配置。

(四)计划经济和市场经济

商品经济采取过两种资源配置方式,一种是由政府制定计划进行资源配置,这种通过计划进行资源配置的商品经济被称为计划经济。另一种资源配置方式是由最终产品市场、金融市场、生产要素市场所组成的市场体系来起到资源配置作用。这种由市场体系起到资源配置作用的商品经济就是市场经济。

西方经济学的研究对象是:在商品经济条件下,市场如何起到资源配置作用。西方经济学由微观经济学和宏观经济学组成,微观经济学从研究个体经济单位,包括单个消费者和单个生产者的行为出发,说明市场如何起到资源配置作用。宏观经济学是对市场机制的调节和补充。

五、经济体制改革历程

1949 年,在新中国成立的时候,由于之前经历了长期战乱,以及来自帝国主义、封建主义和官僚资本主义的长期剥削,新中国的经济极其落后。而且,由于新中国属于社会主义阵营,西方国家对中国采取了敌对态度。面对当时的实际情况,我国确立了高度集中的计划经济体制。计划经济体制可以将有限的资金、物资,以及人才等各种资源集中起来使用,有利于集中力量干大事。正是由于采用了计划经济体制,新中国在很短的时间内建立起了比较完整的工业体系,为中国未来的经济发展奠定了物质基础。

但是,随着社会的发展,计划经济体制的弊端日益暴露出来,主要表现为:生产与需求脱节,造成不必要的浪费;不能调动经济主体的积极性,造成效率低下、动力不足,等等。本应生机盎然的社会主义经济失去了活力。在这一背景下,我国开始进行经济体制改革。

在经济体制改革之前,计划经济体制是完全排斥市场作为资源配置手段的。当认识到计划经济过于集中,存在管得过多、管得过死的现象时,中央政府开始尝试向地方政府下放一些权力,以缓和这种矛盾。但是,这种权力下放是在原有计划体制框架下的权力调整,虽然能起到一定作用,但不能完全解决计划经济的弊端,所以权力下放并没有取得预期的效果。

1978 年 12 月,党的十一届三中全会召开,明确了党在新时期的历史任务:把中国建设成为社会主义现代化强国。十一届三中全会是具有伟大转折意义的会议,揭开了社会主义改革开放伟大事业的序幕。

1984 年 10 月,党的十二届三中全会召开,通过了《关于经济体制改革的决定》(简称《决定》)。《决定》对改革开放以来所取得的成绩给予了肯定,并认为要对计划经济体制进行改革,首先要改变观念,不能将计划经济和商品经济对立起来,要在经济运行当中发挥价值规律的作用。十二届三中全会对于社会主义计划经济有了更明确的认识,认为社会主义计划经济是在公有制基础上的有计划的商品经济。自此,市场开始在资源配置中发挥作用。

1992 年初,邓小平同志发表南方谈话,深刻指出,"革命是解放生产力,改革也是解放生产力""计划不等于社会主义,资本主义也有计划;市场经济不等于资本主义,社会主义也有市场"。邓小平同志的南方谈话,打破了传统意识形态的桎梏,中国开始深化经济体制改革,经济得到了快速的发展。

1992 年 10 月,中国共产党第十四次全国代表大会召开,党的十四大将建立社会主义市场经济体制作为中国经济体制改革的目标,明确提出了要让市场发挥基础性的资源配置作用。党的十四大的召开使人们对政府和市场关系的认识有了质的飞跃。

2012 年 10 月,中国共产党第十八次全国代表大会召开,这次会议标志着中国特色社会主义市场经济建设开启了新征程。2013 年 11 月,党的十八届三中全会在北京召开,明确了我国经济体制改革是全面深化改革的重点,核心问题是处理好政府和市场的关系,使市场在资源配置中起决定性作用和更好发挥政府作用。

2019 年 10 月 28 日至 31 日,中国共产党第十九届中央委员会第四次全体会议在北京召开,审议通过了《中共中央关于坚持和完善中国特色社会主义制度、推进国家治理体系和治理能力现代化若干重大问题的决定》,在这一决定中,中共中央第一次提出了建设高标准市场体系的奋斗目标,并将其作为坚持和完善社会主义基本经济制度、加快完善社会主义市场经济体制的一项重要内容。

第四章　基于社会主义市场经济的生产者行为理论教学研究

一、习近平总书记关于社会主义市场经济的重要论述

党的十八大以来,以习近平同志为核心的党中央坚持全面深化改革,创新经济治理方式,创造性地提出推进完善社会主义市场经济体制的重要思想,丰富发展了马克思主义政治经济学关于市场经济的理论。推动发展更高水平的社会主义市场经济的崭新实践,充分彰显了社会主义制度与市场经济体制有机统一的独特性、优越性。

习近平总书记关于社会主义市场经济的重要论述,明确了在新时代背景下,发展社会主义市场经济是发展社会主义的关键所在,同时也是发展社会主义的核心。社会其他领域的改革都要以社会主义市场经济为中心,从而使国家的发展成为一个有机的整体。习近平总书记关于社会主义市场经济的重要论述从制度层面上确定了社会主义市场经济体制改革是经济发展的重要战略任务,体现了重要的战略思维。

(一)社会主义市场经济体制改革是经济发展的重要战略任务

习近平总书记指出,社会主义市场经济改革是全面深化改革的重要内容,要将社会主义市场经济改革作为发展社会主义,提高人民生活水平的战略任务。对于社会主义市场经济改革中遇到的困境和难题,习近平总书记要求我们必须认识到作为基本经济制度,社会主义市场经济体制对于整个经济发展任务具有战略性和宏观性,要求我们要艰苦努力,不断"实现党的十八大提出的加快完善社会主义市场经济体制的战略任务"。

(二)社会主义市场经济改革趋势,是引领其他领域改革的战略方向

社会主义市场经济改革是社会主义发展的核心,是经济领域以及其他各个领域改革的大方向。社会主义市场经济改革具有引领性的作用,决定了其他领域改革的方向、深度和广度。习近平总书记反复强调全面深化改革要以坚持社会主义市场经济改革的为引领方向,指出"建设高标准市场体系,要贯彻新发展理念,坚持社会主义市场经济改革方向"。

二、生产者行为理论概述

（一）生产者行为理论的理论框架

生产者行为理论是微观经济学中产品市场局部均衡理论的重要组成部分。产品市场局部均衡理论由均衡价格理论、消费者行为理论和生产者行为理论构成。其中，均衡价格理论是产品市场局部均衡理论的核心理论，说明了价格是如何由市场需求和市场供给两个力量相互作用后共同决定的。均衡价格理论是产品市场局部均衡理论的核心，而消费者行为理论和生产者行为理论在市场局部均衡理论中的作用是对均衡价格理论进行支撑，消费者行为理论是对需求理论的支撑，它从研究单个消费者行为出发，通过一系列理论推导，说明市场需求与价格呈反方向变动的原因。而生产者行为理论是对供给理论的支撑，它从研究单个厂商行为出发，通过一系列理论推导，说明供给和价格呈同方向变动的原因。

生产者行为理论的理论框架是在成本和收益两个力量之间寻找均衡。在介绍第一个力量——成本的时候，微观经济学采用的是间接的讲述方法，它并没有直接介绍成本，而是先介绍生产理论，研究要素投入量与产出量之间的关系。然后，根据生产理论，推导出成本理论，即产量和成本的关系。由此可见，生产理论和成本理论二者的关系是：生产理论是成本理论的基础，成本理论由生产理论推导而来。

微观经济学在介绍生产理论的时候分了两种情况：一种是短期情况，一种是长期情况。需要注意的是，微观经济学在划分短期和长期的时候，标准并不是时间的长短，而是根据生产要素是否能够发生变化来划分短期和长期。如果所有要素都能进行调整,这种情况就是长期;如果要素当中有一种或一种以上要素不能变化,这种情况就是短期。生产理论在被划分为短期和长期两种情况之后,生产理论也相应地被划分为短期生产理论和长期生产理论。由于成本理论是由生产理论推导而来,成本理论也相应地被划分为短期成本理论和长期成本理论。

由此可知,生产理论和成本理论是由四个分理论组成的,其中生产理论包括短期生产理论、长期生产理论两个分理论,而成本理论包括短期成本理论、长期成本理论两个分理论。这四个分理论的讲授顺序也关系着微观经济学授课的效果。教材是以先生产理论,后成本理论的顺序对这一部分内容进行安排的,即首先介绍短期生产理论,然后介绍长期生产理论,再介绍短期成本理论,最后介绍长期成本理论。按照教材介绍生产理论和成本理论的缺点是割裂了逻辑上的推导关系。短期生产理论和短期成本理论关系密切,这是因为短期成本理论是由短期生产理论推导而来;长期生产理论和长期成本理论关系密切,这是因为长期成本理论是由长期生产理论推导而来。如果按照先介绍生产理论后介绍成本理论的顺序,就割裂了理论间的推导关系,所以按照先短期后长期的讲授方法,更有利于学生的学习。所以这部分内容的讲授顺序应为:先介绍短期生产理论,然后介绍短期成本理论,再介绍长期生产理论,最后介绍长期成本理论。

(二) 短期生产理论

生产理论以生产函数为研究对象,即主要研究生产要素投入量与产量之间的关系,其中生产要素主要指劳动和资本两种生产要素。短期内,一种生产要素的投入量不能发生变化,由于资本价值较大,所以往往假设资本不能发生变化。在假设资本不变的条件下,短期生产函数反映的就是劳动投入量与产量之间的函数关系,公式表示为:$q = f(L)$。

劳动投入量与产量的关系分为三种,分别是劳动投入量与总产量的关系,公式表示为：$TP = f(L)$；劳动投入量与平均产量的关系,公式表示为：$AP = f(L)$；劳动投入量与边际产量的关系,公式表示为：$MP = f(L)$。

劳动的边际产量,是指保持其他生产要素投入量不发生变化而增加劳动投入量时,每单位劳动投入所引起的总产量的变化量。在生产过程中普遍存在一个规律:在资本不变的条件下,连续等量地增加劳动投入量时,当劳动投入量小于某一特定值的时候,劳动的边际产量是递增的;当劳动的投入量超过这个特定值的时候,劳动的边际产量是递减的。这个规律被称为劳动边际产量递减规律,也叫作劳动的边际报酬递减规律。由于劳动边际产量递减规律,劳动边际产量的图像表现为一条先上升后下降的曲线。

总产量与边际产量的关系表现为:总产量等于边际产量的和,随着劳动投入的增加,劳动的边际产量先上升后下降,最后为负。当边际产量大于零且随着劳动投入量的增加,劳动的边际产量单调增加时,总产量会加速上升;当边际产量大于零,但是随着劳动投入量的增加,劳动的边际产量单调减少时,总产量减速上升;当边际产量小于零时,随着劳动投入的增加,总产量减少;当边际产量等于零时,总产量达到最大值。所以,总产量的图形表现为随着劳动投入量的增加总产量曲线先加速上升,当边际产量达到最大值后,总产量曲线开始减速上升,当边际产量与横轴相交后,总产量曲线开始下降。

平均产量曲线的上升和下降,取决于新增劳动的边际产量与先前投入的劳动的平均产量的大小关系。当新增劳动的边际产量大于之前劳动的平均产量时,平均产量曲线将上升;当新增劳动的边际产量小于之前劳动的平均产量时,平均产量曲线将下降;当新增劳动的边际产量等于之前劳动的平均产量时,平均产量达到最大值。所以,平均产量曲线是一条先上升后下降的曲线,并且平均产量曲线和边际产量曲线相交,相交点是平均产量曲线的最高点。

（三）短期成本理论

短期成本包括七种成本,分别是:短期可变成本、短期不变成本、短期总成本、平均可变成本、平均不变成本、短期平均成本和短期边际成本。其中,可以将短期可变成本、短期不变成本和短期总成本归纳为总成本系列,三者关系为:短期总成本等于短期可变成本和短期不变成本的和。公式表示为:$STC = TVC + TFC$。平均可变成本、平均不变成本和短期平均成本可以被归纳为平均成本系列,三者关系为:短期平均成本等于平均可变成本和平均不变成本的和。公式表示为:$SAC = AVC + AFC$。

短期成本理论以短期生产理论为基础,主要是因为短期成本的图形由短期生产理论的图形推导而来。特别是短期生产理论当中的边际产量曲线,是推导短期边际成本曲线的关键。短期边际成本和短期边际产量的关系是:短期边际成本等于工资除以劳动的边际产量,公式表示为:$MC = W/MP$,通过短期边际成本和劳动边际产量的关系可知,在工资不变的条件下,边际成本和劳动边际产量呈反方向变动。当劳动边际产量曲线单调上升的时候,短期边际成本曲线单调下降;当劳动的边际产量曲线单调下降的时候,短期边际成本曲线单调上升。因为劳动的边际产量曲线先上升后下降,所以边际成本曲线先下降后上升。需要注意的是,边际产量曲线与横轴有交点,代表边际产量曲线在一定条件下为负。而由于边际成本不可能小于零,所以边际成本曲线始终在横轴之上。

根据边际成本和平均可变成本的关系,可以推导出平均可变成本的图形。二者关系为:当新增产品的边际成本小于之前产品的平均可变成本的时候,随着产量的增加,平均可变成本下降;当新增产品的边际成本大于之前产品的平均可变成本的时候,平均可变成本上升;当新增产品的边际成本等于之前产品的平均可变成本的时候,平均成本达到最小值。因为边际成本曲线先下降后上升,所以平均可变成本曲线的图形也是先下降后上升的。边际成本曲线平均可变成本曲线相交,相较前平均可变成本曲线下降,相交后平均可变成本曲线上升,交点是平均可变成本曲线的最低点。

根据边际成本和平均成本的关系,也可以推导出平均成本的图形,其推导过程与平均可变成本图形的推导过程相似。当新增产品的边际成本小于之前产品的平均成本的时候,随着产量的增加,平均成本下降;当新增产品的边际成本大于之前产品的平均成本的时候,随着产量的增加,平均成本上升;当新增产品的边际成本等于之前产品的平均成本的时候,平均成本达到最小值。因为边际成本曲线先下降后上升,所以平均成本曲线的图形也是先下降后上升。边际成本曲线与平均成本曲线相交,相较前平均成本曲线下降,相交后平均成本曲线上升,交点是平均成本曲线的最低点。

短期平均成本和边际成本的关系,与平均可变成本和边际成本的关系相似:边际成本小于短期平均成本时,短期平均成本下降;边际成本大于短期平均成本时,短期平均成本上升;边际成本等于短期平均成本时,平均总达到最小值。因为边际成本曲线先下降后上升,所以短期平均成本曲线的图形也是先下降后上升。边际成本在上升阶段与短期平均成本相交,相交前短期平均成本下降,相交后短期平均成本上升,交点是短期平均成本曲线的最低点。

平均可变成本和边际成本的关系,与平均成本和边际成本的关系相似,二者的图形也相似,都是先下降后上升,平均可变成本曲线低于平均成本曲线。但是,随着产量的增加,平均可变成本曲线和短期平均成本的图形越来越接近。但是,平均可变成本和短期平均成本的图形只能无限接近,永远不能相交。这是因为,短期平均成本曲线和平均可变成本曲线的距离代表的是平均不变成本,平均不变成本等于总不变成本与产量的商,总不变成本与产量大小无关,始终保持不变,所以,随着产量的增加,平均不变成本越来越小,但是不能为零。所以,平均可变成本的图形和短期平均成本的图形永远不能相交。

（四）完全竞争市场的收益函数

单个厂商总收益就是单个厂商销售产品所获得的总收入，它等于厂商产量与产品价格的乘积。产品的市场价格是由市场供给和市场需求共同决定的，而市场供给等于市场内所有单个厂商供给的和，在其他厂商产量不变的条件下，单个厂商供给量的变化会导致市场供给发生变化，从而对市场价格产生影响。因此，单个厂商总收益的公式表示为：$TR = P(q) \cdot q$。

在完全竞争市场条件下，厂商的数量非常多，单个厂商供给量的变化对于市场供给影响甚微。因此假设，在完全竞争市场当中，价格不受单个厂商供给量的影响，单个厂商总收益的公式为：$TR = P \cdot q$。

用横轴代表单个厂商供给量，纵轴代表收益，从总收益的公式可知，完全竞争市场上，总收益的图形是从原地出发的一条射线，射线的斜率取决于价格水平。单个厂商的平均收益等于单个厂商总收益除以产品销售量，即 $AR = P$。由此可知，单个厂商平均收益曲线与单个厂商的边际收益曲线是重合的，其大小随单个厂商供给量的变化而变化，是一条平行于横轴的线。

（五）完全竞争市场厂商短期均衡

厂商的均衡是指厂商为了实现利润最大化的目标，在成本和收益两个力量之间进行权衡，寻找一个实现利润最大化的产量的过程。只有当产品的边际产量和产品的边际收益相等时，此时的产量才是企业的均衡产量，这是因为：总利润等于边际利润的和，而边际利润等于边际收益减去边际成本。如前所述，边际成本曲线是一条先下降后上升的曲线，而边际收益曲线是一条平行于横轴的线，当边际收益大于边际成本的时候，边际利润大于零，在这种情况下，厂商会增加产量以获取更多的利润，增加产量会使总利润增加；当边际收益小于边际成本的时候，边际利润小于零，增加产量会使厂商亏损,在这种情况下,厂商会减少产量;只有当边际收益等于边际成本的时候,即边际利润等于零的时候,厂商才会保持产量不变,这时,总利润达到最大值。

三、引入 ERP 沙盘,使学生学会按市场规律办事

国家的富强目标的实现,取决于人民的共同努力,具体表现为企业部门能够生产出更多的被国家和人民需要的产品。生产取决于劳动、资本和技术水平的提高。在生产者行为理论的教学过程中,除了介绍理论,还要积极鼓励同学们投身社会主义经济建设,为国家的富强做出贡献。

由于商品自身矛盾的存在,国富民强目标的实现不仅取决于生产能力的提高,还取决于企业部门能生产出被国家和人民需要的产品。在市场经济当中,市场起到资源配置的作用,决定企业应该生产什么产品,以及如何进行生产。这就要求企业服从市场规律,按市场规律办事。学生应该认真学习市场规律,为企业的决策提供帮助。

在介绍消费者行为理论时,由于学生本身就是消费者,所以对于消费者行为理论能够很好地理解,但由于学生在学习生产者行为理论的时候,并没有接触过企业,造成学生不能很好地理解生产者行为理论,也就不能理解以生产者行为理论为基础的课程思政。

为了使微观经济学能更好地被学生理解,以及课程思政内容更好地被学生认同,可以在生产者行为理论的教学中引入 ERP 沙盘,使学生可以通过实践来理解理论。

ERP 沙盘是对企业经营的一种仿真,将学生分为小组,每组运营一个企业进行对抗,在企业运营过程当中,每组学生需要做出一系列经济决策,

包括:广告费投入,原材料采购规划,手工线的购买与出售,产品的研发、生产,市场开拓,ISO 认证,银行贷款等,并需要对经营结果进行记账,编写会计报表。通过六年的 ERP 沙盘运营,使学生对企业的运营有一个大体的了解,并掌握一些经济决策方法,树立经营的观念。在 ERP 沙盘的运营过程当中还使用了现金流量表、综合费用表、产品核算表、利润表、资产负债表等财务工具来辅助学生进行经济决策。这也为学生学习基础会计、财务分析、财务管理等课程打下一个良好的基础。

在 ERP 沙盘的运营过程当中使用了现金流量表、综合费用表、产品核算表、利润表、资产负债表等财务工具。但财务工具只是为企业的经济决策提供帮助,不是经济决策。学生需要在进行经济决策时,进行思考,而不是按部就班地执行,需要将所学的微观经济学理论应用于指导实践当中。

四、生产者行为理论指导 ERP 沙盘决策的一个案例

生产者行为理论是微观经济学当中研究企业行为的部分,内容包括生产理论、成本理论、收益理论、厂商均衡理论等,其中心思想是企业如何在成本和收益二者之间寻找均衡,以实现利润最大化。在 ERP 沙盘的运营中,学生要做很多决定,这都需要学生运用生产者行为理论做出经济判断。

在 ERP 沙盘中,生产线分为手工线、半自动线、全自动线、柔性线四种手工线。产品分为 P1、P2、P3、P4 四种产品。ERP 沙盘企业运营是在对抗中进行,所以情况复杂多变,需要根据实际情况作出决策。虽然情况复杂多变,决策的思想却是大致相同的,通过研究手工线生产 P1 产品的情况,建立经济学决策的模式,说明生产者行为理论在 ERP 沙盘决策中的应用。

（一）手工线的边际收益

使用手工线进行生产，第 1 个产品生产完成需要 4 个季度，由于完工入库的同一季度可以开始下一批生产，所以之后产品的生产完成只需要再加 3 个季度。设季度数量为 X，产量为 Y，产量计算公式为：$Y = (X - 4)/3 + 1$

ERP 沙盘运营的年份是 6 年，即 24 个季度，在不停产的情况下，每条手工线可以生产 7 个产成品，所以，手工线平均每年的产量约为 1.2 个产品。增加一条手工线将增加 1.2 个产量，所以手工线的边际产量等于 1.2，且不随手工线的增减而变化。

P1 产品有五个市场，每个市场总需求由多个市场订单构成，对不同市场的产品订单进行加权平均，得到市场平均价格，详情见表 4-1。

表 4-1　P1 产品价格一览表

年份	本地	区域	国内	亚洲	国际
1	5.4				
2	4.9	4.8			
3	4.7	4.9	5.1		
4	4.4	4.8	4.4	4.2	
5	4.1	4.8	4.3	3.8	5.8
6	3.7	4.8	3.8	3.3	6

用手工线的边际产量乘以 P1 产品的价格，我们可以得到在不同市场不同年份手工线的边际收益，见表 4-2。

表 4-2　手工线边际收益一览表

年份	本地	区域	国内	亚洲	国际
1	6.48	0	0	0	0
2	5.88	5.76	0	0	0
3	5.64	5.88	6.12	0	0
4	5.28	5.76	5.28	5.04	0
5	4.92	5.76	5.16	4.56	6.96
6	4.44	5.76	4.56	3.96	7.2

(二) 手工线的边际成本

在 ERP 沙盘的企业运营中,只增加手工线是不能使产量增加的,所以手工线的边际成本应该定义为使产量增加 1.2 并销售掉所需的各种成本的总和,具体包括:手工线的价格、手工线的维护费、原材料的价格、人工费用、厂房租赁费和广告费。

手工线价格:在经济学中,手工线价格是指租用手工线所需支付的服务费,使用购买手工线所需资本的年利息加折旧进行估算:手工线价值 5M (M,Million,百万),长期贷款利息率 10%,所以购买手工线的年利息等于 0.5M,折旧按使用 10 计算,每年折旧费为 0.5M,所以手工线的价格每年为 1M。

设备维护费:手工线的维护费用是使用手工线生产必须支付的费用,根据 ERP 沙盘规则规定,手工线每年的设备维护费为 1M。

原材料成本和人工成本:生产 1 个 P1 产品需要 1 个原材料 R1 (价格 1M)和人工费 1M。产量和原材料、人工费成正比例关系,不存在劳动的边际产量递减规律。所以每条手工线的年原材料成本和人工成本都是 1.2M。

厂房租赁费用:ERP 沙盘有大小厂房各一个,大厂房是企业自有厂房,可以安放 6 条生产线,属于固定资本。当手工线超过 6 条,则需要租用小厂房,小厂房的租赁费用为 4M。

广告费:生产者行为理论假设销售费用为零,但沙盘经营中,销售商品必须投入广告费才能将产品卖出,所以广告费应当是手工线边际成本的一部分。广告费用的变化比较大,我们按照每一个产品 1M 的销售成本进行估算。将上述成本进行加总,我们就可以得到手工线的边际成本,见表 4-3。

表 4-3　手工线边际成本表

手工线数量	手工线价格	设备维护费	原材料成本	人工成本	厂房使用费	广告费	边际成本
1	1	1	1.2	1.2	0	1	5.4
2	1	1	1.2	1.2	0	1	5.4
3	1	1	1.2	1.2	0	1	5.4
4	1	1	1.2	1.2	0	1	5.4
5	1	1	1.2	1.2	0	1	5.4
6	1	1	1.2	1.2	0	1	5.4
7	1	1	1.2	1.2	4	1	9.4
8	1	1	1.2	1.2	0	1	5.4
9	1	1	1.2	1.2	0	1	5.4
10	1	1	1.2	1.2	0	1	5.4

(三)手工线生产 P1 产品的策略建议

1. 产品出售时间、市场的建议

手工线的边际利润等于手工线的边际收益减去边际成本;手工线的边际收益大于边际成本,手工线的边际利润大于零,总利润增加;手工线的边际收益小于边际成本,手工线的边际利润小于零,总利润减少;手工线的边际收益等于边际成本,手工线的边际利润为零,总利润最大值。

从表4-2、表4-3可知:本地市场,1—3年手工线的边际收益大于边际成本,4—6年手工线的边际收益小于边际成本。所以1—3年在本地市场销售产品可以使总利润增加。

区域市场,2—5年手工线边际收益始终大于边际成本,所以在区域市场销售P1产品可以使总利润增加。

国内市场,第3年手工线的边际收益大于边际成本,4—5年手工线的边际收益小于边际成本,所以在国内市场,只有第3年销售P1产品可以使总利润增加。

亚洲市场,手工线的边际收益始终小于边际成本,所以在亚洲市场销售P1产品无利可图。

国际市场,5—6年手工线的边际收益大于边际成本,所以销售P1产品可以使总利润增加。

2. 市场开拓的建议

ERP沙盘中有本地、区域、国内、亚洲和国际五个市场,除本地市场,均需要进行市场开拓后才能销售产品,开拓费分别为:区域市场1M,国内市场2M,亚洲市场3M,国际市场4M。

在不计算市场开拓费的情况下,区域市场手工线的边际收益(平均为5.76M)始终大于边际成本(5.48M),边际利润等于0.28M。区域市场开拓成本为1M,设销售量为X,利润为π,利润公式:$\pi = 0.28X - 1$,只要区域市场的销售量大于4个即可实现总利润的增加,在每年每一个市场只能拿一个订单的规则下,企业在区域市场能获得的最大的订单总量为13个,利润的最大值为2.64M

在不计算市场开拓费的情况下,国内市场第3年,手工线的平均边际收益 6.12M,大于边际成本 5.48M,边际利润约等于 0.64M。国内市场开拓成本为 2M,设销售量为 X,利润为 π,利润公式:$\pi = 0.64X - 2$,只有销售量大于 4 时,能实现总利润的增加,但国内市场第 3 年的最大订单数量为 4,且价格等于 4.8M,按照该价格计算的手工线边际收益等于 5.76,边际利润等于 0.36M。4 个产品可以使总利润增加 1.44M,小于国内市场的开拓费用 2M,所以开拓国内市场无利可图。

在亚洲市场,手工线的边际收益始终小于手工线的边际成本,所以开拓亚洲市场无利可图。

在不计算市场开拓费的情况下,国际市场第 5、6 年的手工线的边际收益始终大于边际成本,边际利润平均为 1.68M。国际市场的开拓成本为 4M,设销售量为 X,利润为 π,利润公式:$\pi = 1.68X - 4$,只要国际市场的销售量大于 3 即可实现总利润的增加,在每年每一个市场只能拿一个订单的规则下,企业在国际市场能获得的最大的订单总量为 11 个,利润的最大值为 14.48M。综上所述,企业应该开拓的市场为区域市场和国际市场。

第五章 两种价格理论体系教学中的融合研究

一、引言

微观经济学和政治经济学都是经济类、管理类本科生必修的专业基础课。微观经济学研究社会中单个经济单位的经济行为,以及相应的经济变量的单项数值如何决定,并在此基础上,研究现代西方经济社会的市场机制运行及其在经济资源配置中的作用。政治经济学则是研究生产、分配、交换、消费当中的经济规律的学科。

在微观经济学和政治经济学当中,都有关于价格决定的内容,并且对于这一问题,微观经济学和政治经济学有不同的观点,微观经济学认为价格由需求和供给两个力量决定。政治经济学则认为,商品的价值由生产商品的社会必要劳动时间决定,价格是价值的货币表现。

对于价格到底由什么决定这一问题,本章拟对微观经济学和政治经济学中的价格理论进行梳理,并分析两个理论之间的联系与区别。

需要注意的是,在不同的市场,价格决定机制不太相同。在经济学中,市场被分为产品市场和生产要素市场,其中产品市场又分为最终产品市场和中间产品市场。最终产品是指在一定时期内生产的,不再加工、可供最终消费和使用的产品,或者说是那些不再被用于生产过程,或虽被用于生产过程,但不会被一次性消耗或一次性转移到新产品中去的产品。其内容包括:一定时期内的个人消费品、公共消费品、用作固定资产投资的产品、用于增加储备的产品、用于国防的产品和净出口的产品。对于最终产品的需求和供给构成最终产品市场。中间产品是指为了再加工或者转卖用于供其他产品生产使用的物品和中间消耗。其内容包括:原材料、燃料等。可以说中间产品就是在一种产品从初级产品加工到提供最终消费经过一系列生产过程中没有成为最终产品之前处于加工过程的产品的统称。在不同市场,价格决定机制不完全相同,所以需要分别予以考虑。在本章,主要考虑最终产品价格的决定机制。

二、微观经济学价格理论体系概述

微观经济学认为,最终产品的价格是该产品市场总需求和市场总供给两个力量相互作用的结果。其中,最终产品市场需求来自家庭部门,最终产品市场供给来自企业部门。下面对这一过程进行详细叙述。

(一)最终产品的市场需求

影响最终产品市场需求的因素包括:商品自身价格、收入、偏好、相关商品价格、预期价格和市场中的消费者人数。

市场需求和商品自身价格呈反方向变动关系,价格提高时,市场需求减少;价格降低时,市场需求增加。市场需求和收入呈同方向变动,收入提高时,市场需求增加;收入减少时,市场需求减少。市场需求和偏好呈同方向变动,偏好增加时,市场需求增加;偏好减少时,市场需求减少。市场需求和替代品价格呈同方向变动,替代品价格提高时,对于本商品的市场需求增加;替代品价格下降时,对于本商品的市场需求下降。市场需求和互补品价格呈反方向变动,互补品价格提高时,对于本商品的市场需求下降;互补品价格下降时,对于本商品的市场需求上升。市场需求和预期价格呈同方向变动,预期价格上升,对于本商品当期需求量增加;预期价格下降,对于本商品当期需求量下降。市场需求和市场中的消费者人数呈同方向变动,市场中的消费者人数上升,对于本商品的市场需求增加;市场中的消费者人数下降,对于本商品的市场需求减少。

最终产品市场需求受众多因素的影响,但其中价格被认为是影响最终产品市场需求的最主要因素。微观经济学中的需求曲线反映的就是市场需求和价格之间的关系,其定义为:消费者在一定时期内,在其他条件不变的条件下,在每一个价格水平上,愿意而且能够购买的商品数量。价格和市场需求的关系可以用图形来表达,纵轴代表价格,横轴代表市场需求,市场需求和价格之间的关系表现为一条斜率为负的曲线。价格变化对于市场需求的影响表现为在同一条需求曲线上点的移动。

由于纵坐标是价格,所以价格之外的其他因素对于市场需求的影响,图形表现为需求曲线的左右平移。当价格以外的其他因素导致市场需求增加时,表现为需求曲线向右平移;当价格以外的其他因素导致市场需求减少时,表现为需求曲线向左平移。

(二) 最终产品的市场供给

影响最终产品市场供给的因素包括:商品自身价格、生产成本、生产技术、市场中的厂商数量。

市场供给和商品自身价格呈同方向变动关系,价格提高时,市场供给增加;价格降低时,市场供给减少。市场供给和生产成本呈反方向变动,生产成本提高时,市场供给减少;生产成本降低时,市场供给增加。市场供给和生产技术呈同方向变动,生产技术提高时,市场供给增加;生产技术降低时,市场供给减少。市场供给和市场中厂商数量呈同方向变动,市场中的厂商数量上升,对于本商品的市场供给增加;市场中的厂商数量下降,对于本商品的市场供给减少。

在影响最终产品市场供给的众多因素中,价格被认为是影响最终产品市场供给的最主要因素。微观经济学中的供给曲线反映的就是市场供给和价格之间的关系,其定义为:生产者在一定时期内,在其他条件不变的条件下,在每一个价格水平上,愿意而且能够供给的商品数量。价格和市场供给的关系可以用图形来表达,纵轴代表价格,横轴代表市场供给,市场供给和价格之间的关系表现为一条斜率为正的曲线。价格变化对于市场供给的影响表现为在同一条供给曲线上点的移动。

由于纵坐标是价格,所以价格之外的其他因素对于市场供给的影响,图形表现为供给曲线的左右平移。当价格以外的其他因素导致市场供给增加时,表现为供给曲线向右平移;当价格以外的其他因素导致市场供给减少时,表现为供给曲线向左平移。

(三) 均衡价格的决定

最终产品市场需求与价格呈反方向变动,最终产品市场供给与价格呈同方向变动,最终产品市场需求和最终产品市场供给是方向相反的两个力量。将最终产品市场需求曲线和最终产品市场供给曲线画到同一坐标轴内,两条曲线交于一点,该点代表最终产品市场需求和最终产品市场供给两个力量呈现力量相当、相对静止、不再变动的状态。这种状态就是最终产品市场均衡状态。最终产品市场均衡状态时的价格就是该最终产品的均衡价格,最终产品市场均衡时的数量就是该最终产品的均衡数量。

当最终产品的市场价格偏离均衡价格时,市场需求和市场供给两个力量也不相等,称为最终产品市场不均衡。不均衡不是一种稳定的状态,不均衡总会向均衡发展,使不均衡向均衡发展的机制被称为均衡机制。

在最终产品市场上,当市场价格高于均衡价格时,市场供给大于市场需求,出现超额供给现象。在该市场价格水平,一些生产者所生产的产品由于需求不足无法销售,导致库存积压。为了消化掉库存产品,生产者将降价促销。价格的下降一方面使对该最终产品的市场需求量逐渐增加,另一方面使对该最终产品的市场供给量逐渐减少。只要新的市场价格仍然高于均衡价格,上述过程就会持续下去,直到市场价格等于均衡价格,市场需求和市场供给相等为止。

当市场价格低于均衡价格时,市场需求大于市场供给,市场上出现超额需求现象。在该市场价格水平,一些消费者购买不到最终产品或者购买不到其意愿的需求量,为了实现其购买意愿,消费者愿意以更高的价格购买商品。价格的上升一方面使一些消费者对该商品的需求量减少,另一方面使生产者对于该商品的供给量增加。只要新的市场价格仍然低于均衡价格,上述过程就会持续下去,直到市场价格等于均衡价格,市场需求和市场供给相等为止。

综上所述,在微观经济学当中,商品的均衡价格是市场需求和市场供给两个力量相互作用的结果,市场需求和市场供给共同决定均衡价格和均衡数量。而且,当市场价格偏离均衡价格,出现超额需求或者超额供给的不均衡状态时,均衡机制就会发挥作用。在均衡机制的作用下,市场会从超额需求或者超额供给的不均衡状态回到均衡状态,所以均衡价格具有稳定性。

三、政治经济学中的价格理论体系概述

(一) 价值规律

剩余价值形式的变化,以及由此引起的价格内涵的变化是政治经济学的一条主线。

价值规律是商品经济中普遍存在的一条客观规律,其含义是:商品的价格是商品的价值的货币表现,商品的价值的大小由生产商品所必需的社会必要劳动时间决定,商品之间的交换是按照商品价值的大小进行等价交换。价值规律体现了公平原则。

价值是商品交换的根本依据,但是,当社会发展到使用一般等价物或者货币作为交易中介的阶段时,商品的价值就表现为商品的价格了。

商品的价格实际上是商品价值的货币表现,商品的价格是以商品的价值为基础,但价格和价值又不完全一致,偶然情况下,商品价格会等于商品的价值,但这只是偶然的现象。在大多数情况下,商品的价格和商品的价值是不一致的。这是因为,商品的价格虽然要以商品的价值为基础,但是还要受到其他因素的影响,其中最主要的影响因素就是该商品的供求关系。当商品供不应求的时候,生产该商品的厂商会提高商品的销售价格,从而使商品的价格大于商品的价值。当商品供过于求的时候,商品生产者不能销售掉其生产的所有产品,从而会降价促销,这将导致商品的价格就小于商品的价值。

商品的价格经常与商品的价值不相等,并不意味着商品交换违背了价值规律,更不代表价值规律在商品流通领域中失去了作用。这是因为:一方面,从单个商品的价格变动来看,无论该商品的价格怎样波动,都是以该商品的价值为基础进行波动的,不会长期偏离商品的价值;另一方面,从商品交换的总体来看,虽然某一商品的价格会高于或低于价值该商品的价值,但是所有商品价格大于商品价值的部分,和所有商品价格小于价值的部分是可以相互抵消的。

(二)资本主义生产方式

资本主义生产方式理论是卡尔·马克思在《资本论》中所提出的。资本主义生产方式是商品生产的高级形式,是一种以生产资料的资本家私人占有作为基础,以无产阶级的存在作为前提条件,以社会化的机器大生产为主要特征的社会经济制度。

在资本主义生产方式下,生产的基本单位是企业。西方经济学将生产要素分为:劳动、资本、土地和企业家才能。四种生产要素当中,首先进入企业的是企业家才能,在宏观经济学中,企业家才能指:运用各种方法,将人力、材料和财务等资源组织起来,根据商业模式的相关策划安排,进行一项独立一次性或长期无限期的工作任务,以期达到由数量和质量指标所限定的目标的能力。可以将企业家才能看作是企业未来发展的一张蓝图,它决定了企业的发展方向。

企业家才能只是企业未来发展的一张蓝图,只有在获得资本的支持后,企业家才能这张蓝图才能得到实现。资本在企业当中的作用是预付。即可以在企业获得收入之前,支付劳动和土地两种要素的费用,从而可以让劳动和土地两种生产要素进入企业。

(三)不变资本、可变资本和剩余价值

在资本主义生产方式下,商品的价值被分解为三部分,分别是:不变资本、可变资本和剩余价值。

在资本主义生产方式下,劳动三要素仍然是劳动力、劳动工具、劳动对象,生产的过程仍然是劳动力使用劳动工具作用于劳动对象的过程。只不过,在资本主义生产方式下,劳动工具和劳动对象都归资本所有,劳动力也由资本所雇佣,整个生产过程由资本所控制。

生产三要素都由资本所控制,根据其在剩余价值生产过程中所起的作用,生产三要素被区分为不变资本和可变资本。劳动工具和劳动对象由于不发生价值增值,所以被称为不变资本;而劳动力在生产过程中生产出超过自身价值的价值,即发生了价值增值,所以被称为可变资本。

以劳动对象形式存在的资本,例如原材料,在生产过程当中被消耗掉,其价值会转移到新生产的产品中去,成为新生产的产品价值的一部分。而以劳动工具形式存在的资本,例如机械设备,往往可以使用多年,其价值不是在一次生产过程当中全部转移到新生产的产品中去,而是在多次生产过程中,逐步地转移到不同批次的产品中去。尽管转移的方式不同,但以劳动对象形式存在的资本和以劳动工具形式存在的资本都将其价值转移到新产品的价值中去,并且转移的价值总额等于劳动工具和劳动对象的价值总额,或者说生产资料原有的价值在新产品中不会发生量的变化。因为以劳动工具和劳动对象形式存在的资本在生产过程中价值量不发生改变,所以这部分资本被叫作不变资本。

以劳动力形式存在的资本,它的价值表现为资本购买劳动力时所支付的工资。因为工资已经由工人用于个人消费,所以在生产过程中,劳动力的价值不可能转移到产品中去。但是,劳动力的使用价值就是劳动,而劳动可以创造新的价值。所以,劳动力的价值由工人劳动所创造的新价值予以来补偿。

而且,在生产过程中,以劳动力形式存在的资本,不仅可以创造出等于劳动力本身价值的价值,还可以创造出超过劳动力本身价值的价值。当以劳动力形式存在的这部分资本创造出了大于劳动力本身价值的价值时,称为价值增值。由于以劳动力形式存在的资本可以使价值发生量的变化,所以这部分资本被称为可变资本。

由于劳动力不仅能创造等于本身价值的价值,还能够创造大于本身价值的价值。所以,资本主义生产中的工人劳动时间被分成两部分:在第一部分时间里,工人创造了弥补劳动力本身价值的价值,这一部分时间被称为是必要劳动时间;在第二部分时间里,工人创造了超过劳动力本身价值的价值,这部分价值被资本家无偿地占有。这部分时间被称为剩余劳动时间。在剩余劳动时间里工人创造的价值被称为是剩余价值。剩余价值的本质就是由雇佣工人所创造的价值中,超过劳动力本身价值,并且被资本家无偿占有的那部分价值。

(四) 价值转变为生产成本和利润的和

资本主义生产过程是一个投入产出的过程,投入的是劳动力、劳动工具和劳动对象三种生产要素,得到的是新产品。而且,新产品的价值大于劳动力、劳动工具和劳动对象价值的和。新产品的价值大于劳动三要素价值的部分就是剩余价值,剩余价值是资本主义生产的动力所在。

为了获得剩余价值,资本家需要投入劳动力、劳动工具和劳动对象。其中用于购买劳动力的资本被称为可变资本,用于购买劳动工具和劳动对象的资本被称为不变资本。不变资本和可变资本代表资本家为生产剩余价值所实际消耗的资本额。对于资本家来说,不变资本和可变资本就是生产成本。由于不变资本和可变资本被看作生产成本,所以商品价值的构成也就相应地发生了变化,商品价值本来由可变资本、不变资本和剩余价值构成,当不变资本和可变资本被看作生产成本时,商品的价值就等于生产成本和剩余价值的和。

当不变资本和可变资本被看作生产成本后,剩余价值的含义也发生了变化。剩余价值是由劳动力生产的超出劳动力本身价值的部分,即剩余价值是由可变资本带来的,但是,由于不变资本和可变资本被统一看作生产成本,不再进行区分,所以剩余价值也就被看作由整个生产成本带来的,即由生产当中所费的全部资本带来的增加额。除此之外,剩余价值还被进一步看作由全部所用资本带来的。虽然在所用资本当中,只有所费资本参与了剩余价值的生产过程,但是在表面上表现为全部所用资本都参与了劳动的过程,不论劳动力、劳动工具还是劳动对象,都是以全部的物质形态参加到商品的生产过程当中。因此,剩余价值进一步表现为全部所用资本的产物。

当剩余价值被看作全部所用资本的产物时,剩余价值就被称为利润。剩余价值和利润本质是相同的,它们是同一事物的不同表达形式。

随着利润概念的出现,商品价值的公式由商品的价值等于不变成本、可变成本和剩余利润的和,转变为:商品的价值等于生产成本和利润的和。

利润表现为全部所用资本自行增值的结果,当剩余价值转化为利润之后,剩余价值很难再被看作可变资本的产物,而会被看作全部所用资本的产物,这就掩盖了剩余价值的真正来源,以及剩余价值同工人剩余劳动的关系。

(五)影响利润率的因素

由于受投资时间、预付资本数量等原因的影响,利润并不能很好地反映某一个项目的收益情况。而使用利润率则能够很好地解决以上问题。因此,经济学中往往使用利润率来反映项目的盈利情况。

利润率等于利润与全部预付资本的比率。一个项目利润率的高低受到多种因素的影响,其中主要因素有:剩余价值率、资本有机构成,以及资本周转速度等。

1.剩余价值率

剩余价值率与利润率呈同方向变动关系。利润率等于利润与全部预付资本的比率,在预付总资本不变的情况下,利润率的高低就取决于利润的多少。剩余价值和利润是同一事物的不同表达形式。所以利润的多少问题可以转化为剩余价值量多少的问题。

在不变资本和可变资本之间比例不变的情况下,必要劳动时间越短,剩余劳动时间则越长,相应的,剩余价值就越多,利润也就越多,利润率越高。剩余价值率等于剩余劳动时间与必要劳动时间的比,所以上述情况可以表达为剩余价值率越高,利润率越高。相反,必要劳动时间越长,剩余劳动时间就越短,相应的,剩余价值越少,利润也就越少,利润率就越低。即剩余价值率越低,利润率越低。

剩余价值率的变化会导致利润的变化,从而在预付总资本不变的情况下影响利润率水平。因此,为了提高利润率,资本家会采用一切提高剩余价值率的方法,例如:延长工人的劳动时间,提高劳动强度和劳动生产率,甚至降低工人的工资,等等。

2. 资本有机构成

资本有机构成与利润率呈反方向变动。利润是可变成本和不变成本被统一看作生产成本后,剩余价值的表达形式。剩余价值的源泉是可变资本,假设可变资本不变,剩余价值率不变,则剩余价值也就不再变化,相应的,利润也不再发生变化。利润率等于利润与全部预付资本的比率,在利润不变的条件下,利润率就取决于全部预付资本的大小。

资本有机构成等于不变资本和可变资本的比值。在可变资本不变的情况下,不变资本越少,资本有机构成越低;不变资本越多,资本有机构成越高。

假设可变资本不变,资本有机构成低意味着不变资本少,不变资本和可变资本的总和小,即预付总资本少,从而项目的利润率高。相反,资本有机构成高意味着不变资本多,不变资本和可变资本的总和多,即预付总资

本多,从而项目的利润率低。所以,利润率和资本有机构成呈反方向变动,

3. 资本周转速度

资本周转速度与利润率呈同方向变动。资本只有在完成一次从货币资本,到生产资本,到商品资本,再到货币资本的循环后,才能获得剩余价值。资本循环一次所用的时间被称为资本周转时间。资本周转速度是指资本在一年内周转几次。资本周转速度等于一年除以资本周转时间。

在其他条件不变的情况下,资本周转速度快,虽然每周转一次所获得的利润没有增加,但由于一年内资本周转的次数比较多,所以获得的总利润就会越多,从而可以提高资本的年利润率。相反,资本周转速度慢,由于一年内资本周转的次数较少,所以一年内所获得的总利润也会较少,从而使资本获得的年利润率较低。由此可见,资本的年利润率与资本的周转速度呈同方向变化。

(六) 生产价格

从前面的论述可知,利润率会受到剩余价值率、资本的有机构成、资本周转速度等因素的影响。假定各个行业的剩余价值率相同,但在不同的行业中,由于资本有机构成的比例不同,以及资本周转速度的不同,都会导致各个行业的年利润率不同:资本有机构成高、资本周转速度慢的行业,其获得的年利润率就会相对较低;而资本有机构成低、资本周转速度快的行业,其获得的年利润率就会相对较高。由此可见,即使资本数量相等,由于其所投资的行业资本有机构成和资本周转速度不同,数量相等的资本也不一定会获得相同的年利润,也就是等量资本的年利润率不一定相等。

等量资本投资于不同的行业获得的年度利润不同,这就会导致资本在行业之间的流动。投资于年利润率较低的行业的资本,不会甘心获得较低的利润回报,会将资本从利润率较低的行业中抽取回来,转而投资年度利

润率较高的行业。这将使投资于利润率较高的行业的资本数量增加,生产规模扩大。相反,利润率较低行业,由于资本被抽离,其生产规模缩小。生产规模的变化会引起市场上需求和供给关系的变化,从而引起价格的变动。在需求不变的情况下,利润率高的行业商品供给增加,导致供给曲线右移,商品的均衡价格将下降;利润率低的行业,商品供应量减少,供给曲线左移,导致均衡价格上升。商品价格的变化使各行业的利润率发生相应变化:原来利润率较高的行业,由于商品价格的下降,投资于该行业的资本所获得利润率将下降;原来利润较低的部门,由于商品价格的上升,投资于该行业的资本所获得的利润率将上升。只要行业间的利润率存在不同,资本在不同生产行业之间的转移将一直持续下去,直到不同行业所获得的利润率相等为止,这时的利润率被称为平均利润率

资本在行业之间的转移形成了平均利润率,也可以用社会的剩余价值总量除以社会的预付资本总量来得到社会的平均利润率。在平均利润形成以前,商品是按照商品的价值进行销售的,随着利润率转化为平均利润率,商品不再按照商品的价值进行销售,而是转化为按照商品的生产价格进行销售,商品的生产价格是商品价值的转化形式,它由商品的生产成本加商品的平均利润构成,即生产价格等于商品生产成本和平均利润的和。

(七) 垄断价格

在资本主义社会当中,资本家为了获得更多的剩余价值,彼此之间必然展开激烈竞争,这被称为资本主义自由竞争。而资本主义自由竞争的必然结果就是资本的集中。例如,少数大企业,因为资本雄厚,所以比较容易获得银行的贷款,从而有能力采用更先进的技术设备,采用更先进的管理手段,取得更低的生产成本,从而在竞争当中更占据优势。凭借着自身优势,大企业往往可以击败和吞并小企业,从而使生产和资本越来越集中到少数的大企业手里。除此之外,随着资本主义股份公司制度的发展,企业

家可以通过发行股票的方式把许多分散的资本集中起来,形成一个巨额的资本,能够在较短时期内建立起一个大型的企业,有力地促进了生产和资本的集中。

生产和资本的集中发展到一定程度,必然导致垄断。所谓垄断是指少数资本主义大企业,独占或者联合起来控制一个或者几个行业,控制这些行业的生产和销售,以获取高额垄断利润的行为。

垄断利润是垄断资本家获得的远远高于平均利润的一种高额利润,垄断利润往往是垄断资本家凭借其在生产领域或者流通领域的垄断地位,制定不公平的垄断价格得以实现的。垄断价格有两种情况:一种情况是垄断高价,一种情况是垄断低价。垄断高价是垄断组织垄断了某种商品的供给,从而在销售商品时规定的,远远高于商品本身价值或者远远超过商品生产价格的垄断价格。垄断低价是指垄断组织垄断了某种商品的采购,从而可以在向小生产者或者非垄断企业购买原材料时,规定远远低于商品本身价值或者商品生产价格的垄断价格。总之,垄断价格是垄断资本家凭借其垄断地位规定的,保证其可以最大限度地垄断利润的市场价格。

垄断价格导致了一些被垄断的商品,其价格远远超过了商品的价值或者商品的生产价格。但这并不意味着在垄断情况下价值规律的失灵,在垄断情况下价值规律仍然有效,这是因为:首先,垄断价格的虽然较大幅度地偏离商品价值,但垄断价格的制定仍然以价值为基础。其次,垄断价格虽然高于商品本身的价值,但它并不能使商品的价值总量得以增加。垄断价格不过是把其他一些商品的一部分利润转移到了一些被垄断了的商品价格上,全社会的商品价值不会因为垄断得以增加或者减少,全社会的价格总和仍然等于全社会商品的价值总和。最后,雇佣工人创造的剩余价值仍然是垄断利润的源泉,只不过垄断资本家除了剥削本企业劳动的剩余价值,还剥削了小生产者或者非垄断企业劳动所创造的一部分剩余价值。

四、教学过程中,两种价格理论关系的处理

微观经济学和政治经济学都是高校学生要学习的专业基础课,而在微观经济学和政治经济学中都有关于价格决定的内容,并且二者对于价格决定的观点并不一致,所以,在教学过程当中,需要处理好微观经济学和政治经济学的关系。

一是马克思的唯物辩证法是认识经济现象,抓住经济规律的根本方法。

在经济学的发展过程中,边际效用学派的出现具有重大意义。边际效用学派出现于 19 世纪 70 年代,其代表人物是英国的杰文斯、奥地利的门格尔和法国的瓦尔拉斯,边际效用学派的出现使边际分析方法被引入经济学领域。经济学家们开始使用边际分析法对经济现象进行重新解释,从而形成新古典经济学,即微观经济学。边际效用学派的出现由于影响重大,史称边际革命。但是,使用边际分析的方法对经济内容进行阐述,就会给人造成一种错觉,即经济学是一门与物理学近似的纯理论。但实际上,经济并不像微观经济学所描述的那样简单。西方发达国家是存在阶级划分的,有着明显的阶级性。西方经济学却忽视这种阶级性,用纯理论的方式解释经济现象,从而使西方国家经济的阶级性变得模糊,起到了掩饰西方国家经济阶级性的作用。所以,只有坚持马克思的唯物辩证法,才能看清资本主义经济的本质,对西方国家的经济现象予以准确地分析。

二是当微观经济学的观点与马克思主义政治经济学的观点对立时,要坚持马克思主义为指导。微观经济学的一些理论是与政治经济学相对立的,例如在商品价值方面,微观经济学认为商品价值取决于商品的效用,而

政治经济学认为商品的价值取决于劳动价值;再如,微观经济学的生产要素分配论认为,生产要素的价格由市场决定,是公平的,这就掩盖了剥削的本质,与马克思的剩余价值论是对立的。这种观点对立的情况还有很多。因此学习西方经济学必须了解马克思主义政治经济学,这样才能更深刻地理解和把握西方经济学,认识当代资本主义经济规律。

第六章　宏观经济学三种均衡国民收入计算方法的关系研究

一、引言

在宏观经济学教材中,先后出现了三次均衡国民收入的概念,并且都配有相应的计算方法。第一次均衡国民收入计算方法出现在 NI–AE 模型中;第二次均衡国民收入的计算方法出现在 IS–LM 模型中;第三次均衡国民收入的计算方法出现在 AD–AS 模型中。在宏观经济学的三个模型当中都出现了均衡国民收入概念,并相应地给出了均衡国民收入的三种计算方法,这给学生对于宏观经济学的学习造成了困难。对于刚刚接触宏观经济学的学生来说,很难搞懂三种均衡国民收入的区别,因此,有必要对均衡国民收入三种计算方法之间的关系进行梳理,寻找方法将三种均衡国民收入加以区别,为学生学习宏观经济学提供方便。

宏观经济学教材中出现三种均衡国民收入算法的原因,在于宏观经济学思想的发展。美国著名经济学奥利维尔·布兰查德曾经对宏观经济学做出如下总结:宏观经济学的发展是一个理论和事实相互作用的过程,失灵的思想被消除,能更好地解释现实的理论被保留了下来,重大的经济事件既是宏观经济学产生的原因,也是推动宏观经济学向前发展和演化的动力,经济学的学术流派都受到历史事件的影响,历史经济事件是新思想产生的直接原因。正是因为宏观经济思想的不断发展,人们对于均衡国民收入问题的认识越来越深刻。

宏观经济学教材介绍了各种宏观经济思想,却没有将这些思想进行彻底的逻辑上的梳理。这样做,可能是要保证经济学家的理论体系能够得到比较完整的表达,却给学生学习宏观经济学造成了困难。

本章内容将对宏观经济学均衡国民收入计算三个模型的关系进行梳理。具体安排是,首先对影响宏观经济学发展的事件进行梳理,说明宏观均衡国民收入三个模型产生的背景;然后对宏观经济学教材发展的过程进行介绍,了解均衡国民收入进入宏观经济学教材的过程;然后对简述三个模型的内容,分析三个模型的区别;最后提出国民收入需求量这一概念,替代 NI-AE 模型和 IS-LM 模型中的均衡国民收入概念。

二、影响宏观经济学事件梳理

宏观经济学是一门发展中的学科,历史事件的冲击和学术的进步一直在推动着宏观经济学不断前进。对于宏观经济学影响最大的历史事件是 19 世纪 30 年代的经济大萧条,它使经济学家对于市场失灵达成了共识,以及倡导对社会总需求进行管理的凯恩斯宏观经济学的诞生。在整个 20 世纪 50 年代和 60 年代,凯恩斯经济学运行良好。在 20 世纪 70 年代之前,政府只需要关注有效需求的不足,并通过财政政策或货币政策对其进行改善,就可以解决经济波动和失业问题,经济的长期增长自动得到保证,资本主义也经历了战后的长期繁荣。

另一个对宏观经济学影响较大的事件是 20 世纪 70 年代发生在主要资本主义国家的滞胀,它使经济学家们认识到了政府的失灵,货币主义学派、理性预期主义和供应学派也在这个时候走到学术的前台。

第二次世界大战后到 20 世纪 70 年代是美国的经济增长黄金时期。但是 20 世纪 70 年代,世界发生了两次石油危机,与此同时,美国陷入了越南战争,这些导致美国的经济由繁荣转入滞胀时期,失业人口增加,与此同时,通货膨胀率却日益严重,经济的增长速度持续走低。

凯恩斯主义宏观经济学关注的是经济的需求方面,认为失业和通货膨胀本是替代关系,不应同时出现,对于新出现的滞胀现象,以及菲利普斯曲线崩溃,凯恩斯主义宏观经济学束手无策。这就导致经济学思想再一次出现回到古典的思潮,新的经济思想主张:政府不要干预经济,市场不需要积极干预的稳定化政策。下面将影响宏观经济学的事件进行梳理。

(一) 经济大萧条与《就业、利息和货币通论》的出版

1918 年,第一次世界大战结束后,英国经济陷入衰退,工农业产值常年下跌,物价高涨。当时处于统治地位的古典经济学家们对此一筹莫展。在此背景下,凯恩斯开始寻找英国经济长期衰退的原因和解决措施。

1923 年,凯恩斯在英国《国民周刊》上发表文章,批判马歇尔经济学(即古典经济学)在彼时的英国失灵。与他持有相同观点的经济学家还包括罗宾逊夫人等,而庇古坚决反对他的说法,并与凯恩斯展开了辩论。这场辩论让许多坚定持有古典经济学观点的人开始反思,英国自亚当·斯密以来的古典经济学信仰开始动摇。

1924 年,英镑在外汇市场升值,英国出现按战前平价恢复金本位的呼声,凯恩斯坚决反对金本位,他预测金本位会使英镑价值虚高,企业会因此停产,导致失业率上升。1925 年,时任英国财政大臣丘吉尔曾邀请凯恩斯

到唐宁街 11 号咨询对金本位的建议,但仍然在 4 月 29 日宣布恢复金本位。同年 7 月,凯恩斯发表《失业与货币政策》系列论文,后续改名为《丘吉尔先生的经济后果》,继续批判恢复金本位,而英国恢复金本位后失业率果然迅速上升。

1926 年,凯恩斯出版了《自由放任主义的终结》,认为过去英国依据的经济原则建立在自由放任主义和自由竞争假设上,而目前社会正在迅速与这类假设相背离。这篇文章宣布自由放任主义已经寿终正寝,标志着凯恩斯与马歇尔和古典经济学派的彻底决裂。

1929 年,英国大选前夕,英国自由党领袖劳埃德·乔治提出了耗资 1 亿英镑的政府公共建设计划,宣称这样做可以让失业率恢复到正常水平,凯恩斯对此发表题为《劳埃德·乔治能做到吗》的文章,支持自由党的计划。在这篇文章中,凯恩斯第一次系统提出乘数理论,并且开始显现出有效需求的思想。

1930 年,大萧条从美国传播到英国。同年 7 月,时任首相的麦克唐纳设立经济学家委员会,凯恩斯任主席。这个委员会的主要任务是对经济形势进行评估,分析其原因并寻找解决方法。在委员会讨论中,凯恩斯和卡恩等人主张实行公共政策,而罗宾斯和庇古表达坚决反对。这种争论使凯恩斯深刻意识到,为了保证自己的政策能被采纳,必须首先说服他的经济学家同行,为此,他开始着手进行新理论的打造。

1931 年 11 月至 1932 年 9 月,凯恩斯完成了《生产的货币理论》,这是一本讨论总产量决定原因的著作,在其中凯恩斯试图将货币理论同短期生产理论结合起来,这本书也因此成为第一本试图打破古典二分法束缚的经济著作。

1932 年 9 月至 1934 年,凯恩斯先后发表了《通向繁荣的途径》《论乘数》等论文,论述有效需求和乘数原理,并将《生产的货币理论》和《就业的货币理论》先后更名为《就业通论》和《失业通论》。

1934 年,凯恩斯将《失业通论》再次更名,最终定名《就业、利息与货币通论》。同年 5 月,他访问美国,同时任美国总统罗斯福会面,与其讨论干预主义思想,促成了罗斯福新政的推行。

1936 年,凯恩斯出版《就业、利息与货币通论》,宏观经济学正式登上历史舞台。凯恩斯认为经济体如果完全依靠市场进行资源配置,那么经济的运行将会长期处于有效需求不足的状态,导致非自愿失业。由于均衡机制的存在,单单依靠市场是无法这种状态的,要摆脱衰退就必须扩大总需求,但是,消费需求收到边际消费倾向递减的制约,而投资需求也要受到资本边际效率递减和利息率的制约,因此依靠私人部门无法完成扩大总需求的任务,扩大总需求的职责就必然落在政府身上。

在凯恩斯之前,市场被视为一切经济问题的最终解决方法,自由放任被视为对待一切经济问题的正确态度。而凯恩斯带着他的《就业、利息与货币通论》,在大萧条的阴影下,用积极干预代替了自由放任,取代了将古典经济学在政府决策中的统治地位。

(二) 希克斯、汉森与 IS-LM 模型

有效需求原理是凯恩斯理论的核心内容。凯恩斯认为国民收入的高低决定于有效需求的大小,而有效需求又因为边际消费倾向递减规律、资本边际效率递减规律以及心理上的流动偏好,长期处于有效需求不足的状态。边际消费倾向递减、资本边际效率递减以及心理上的流动偏好这三个心理规律是凯恩斯有效需求理论的支柱。这三个心理规律涉及四个变量,分别是:边际消费倾向、资本边际效率,货币需求和货币供给。在古典经济学中,货币被认为是中性的,实物经济和货币经济是被分开考虑的。在凯恩斯宏观经济学中,凯恩斯认为货币不是中性的,是与实物经济有着紧密联系的,并且凯恩斯创造性地通过利率,把货币经济和实物经济联系起来,认为货币市场上的均衡利率会影响投资和收入,而产品市场上的均衡收入

又会影响货币需求和利率,这就是产品市场和货币市场的相互联系和作用。但是,凯恩斯本人并没有用一种模型把上述四个变量联系在一起。

完成对凯恩斯思想进行严谨描述的是希克斯和汉森这两位经济学。他们用 IS-LM 模型把边际消费倾向、资本边际效率,货币需求和货币供给四个变量放在一起,构成一个最终产品市场和货币市场之间相互作用,并且共同决定均衡国民收入和均衡利息率的理论框架,从而使凯恩斯的有效需求理论得到了较为完善的表述。

IS-LM 模型始于希克斯 1937 年的文章——《凯恩斯先生和古典派:一个建议性的诠释》。在这篇文章中,希克斯以新古典的一般均衡为框架,别出心裁地解释了凯恩斯的有效需求原理,其成果就是一个包含商品市场和货币市场的一般均衡模型。然而,作为对《就业、利息与货币通论》的一篇最领先、最深入的阐释,一方面,在第二次世界大战后期及战后,凯恩斯由于忙碌于国内和国际各种政治事务,无暇他顾;另一方面因为以凯恩斯弟子为核心的剑桥经济学圈的忽视,这篇文章在很长一段时间内基本处于被遗忘的地位。直到十余年后,阿尔文·汉森在 1949 年发现了希克斯的这篇杰作,对其推崇备至,只是将希克斯命名的 IS-LL 更换为 IS-LM,其他几乎全部沿袭下来。之后,汉森在《凯恩斯学说导读》一书中,再度详细地刻画了 IS-LM 模型,并认为希克斯的这套图示使凯恩斯的利率理论名垂当世。

第二次世界大战之后的 25 年里,IS-LM 模型在宏观经济学中大行其道。随着 20 世纪 70 年代早期以理性预期为主要基础的新兴古典宏观经济学的兴起,IS-LM 模型的这种主导地位第一次受到挑战。到了 20 世纪 80 年代早期,它的主导地位更是岌岌可危。尽管如此,IS-LM 模型还是在主流经济学教材中留下了一席之地。虽然说 IS-LM 模型自此不再是大多数高级宏观经济学教材和前沿研究的核心,但它仍然是初级乃至中级宏观经济学教科书的重要内容,而且在实际宏观经济管理领域有着广泛应用,在大多数政府和商业宏观计量模型中,它仍然居于中心地位。

(三)滞涨和凯恩斯经济学的危机

在战后大约 30 年的时间里,凯恩斯经济学成为政府经济政策的理论依据。在凯恩斯经济学的指导下,西方国家的经济得到良好的发展,造就了一代人的繁荣,凯恩斯经济学也因此成为西方国家的正统经济学。但是,到了 20 世纪 60 年代末 70 年代初的时候,西方资本主义国家遇到了新的困境——滞胀,对于这一新的困境,凯恩斯主义的理论和政策始终无法给出令人满意的解释,这使凯恩斯经济学在西方国家的统治地位发生了动摇。

滞胀是停滞膨胀的简称,是指在一个国家中严重的失业现象和严重的通货膨胀现象同时存在的一种现象。滞胀现象是凯恩斯主义的理论中不存在的一种现象。凯恩斯主义认为,有效需求问题是西方国家经济存在的主要问题,依靠市场自发的资源配置无法解决这一问题,所以需要政府对于社会总需求进行管理,具体方法是:当国家经济出现萧条,存在大量失业现象的时候,政府应该采用积极的财政政策和货币政策,增加政府采购,降低利息率,鼓励投资,从而扩大国内生产总值,减少失业,实现充分就业;而当经济过度繁荣,出现严重的通货膨胀时,政府则需要实行紧缩性的财政政策和货币政策,减少政府采购,提高利息率,抑制投资,以减少社会总需求,缓解通货膨胀。这种通过在不同情况下采用不同类型的财政政策和货币政策,管理社会总需求的方法叫作逆经济风向行事。逆经济风向行事认为:失业现象和通货膨胀是互斥的,出现失业现象时,不会出现通货膨胀现象;出现通货膨胀现象时,也不会出现失业现象。政府需要做的就是在失业现象和通货膨胀之间寻找一个均衡点。

但是,滞胀现象的出现使"逆经济风向行事"的宏观经济政策失去了效用。在滞胀情况下,通货膨胀现象和失业现象同时存在,这就导致政府面临了一种新的情况,之前的经济管理手段不再适用。对于滞胀情况,凯恩斯主义经济学家不能做出很好的解释,也不能拿出行之有效的解决方案使国家经济走出困境,因此,凯恩斯经济学的权威性受到了质疑。

凯恩斯经济学的困境为其他经济学派的兴起提供了一个契机。在凯恩斯经济学大行其道时,其他经济学派无法与凯恩斯经济学相匹敌。现在,面对滞胀问题,凯恩斯经济学一筹莫展,无法进行解释,也不能给出解决方案,这使得原来一些扮演着次要角色的经济学家和经济学流派的理论,开始被人们关注。这些经济学家一方面宣扬自己的理论和政策主张,另一方面批判凯恩斯经济学的缺陷,使宏观经济学出现群雄割据的局面。货币学派、理性预期学派和供给学派就是在这样一种形势下兴起。由于这三个学派对于宏观经济学有着非常大的影响,所以,这三个学派被称为新经济自由主义的三大支柱,并对美英等国的经济政策产生了重要影响。

(四)货币学派的冲击

货币学派是新经济自由主义学派之一,其代表人物是米尔顿·弗里德曼。在20世纪五六十年代,以弗里德曼为首的一些经济学家认为,货币数量理论在一些方面要优于凯恩斯的收入支出理论。因此,弗里德曼从20世纪50年代开始,向凯恩斯主义理论以及其政策主张发起挑战,反对政府对于经济的干预,以制止日趋严重的通货膨胀的现象。1956年,弗里德曼发表论文《货币数量论—重新表述》,在文章中,弗里德曼对传统的货币数量理论作了全新的论述,从而为货币主义奠定了理论基础。此后,弗里德曼和他的同事们不断在细节方面对货币数量理论进行补充,弗里德曼还利用美国国民收入和货币等方面的统计资料,开展计量工作,为货币主义理论提供了论据。货币学派的观点可以概括如下:

第一,货币学派认为,货币需求函数是一个稳定的函数,也就是说,人们出于交易动机、谨慎动机和投机动机而留在身边的货币数量,与决定货币需求的几个自变量之间存在着稳定的关系,而且,这种关系可以借助统计方法加以估算。弗里德曼本人就估算出两个经验数据,并且于 1963 年发表于《1867—1960 年美国货币史》一文中。弗里德曼估算的两个经济数据,其中之一是货币需求与利息率之间的利息率弹性,弗里德曼估算利息率弹性为 -0.15,也就是说,利息率增加或者减少 1%,人们对于货币的需求量就会减少或者增加 0.15%,基于此,弗里德曼认为,对于货币流通速度而言利息率的影响是微不足道的。弗里德曼估算的另一个数据是货币需求量和收入之间的货币收入弹性,弗里德曼估算货币收入弹性为 1.8,也就是说,收入增加或者减少 1%,对于货币的需求量就会增加或者减少 1.8%。也就是说,从长期趋势来看,货币的收入流通速度将随着国民收入的增长而有递减的趋势。

第二,货币学派认为,货币政策的变化,即货币当局对于货币供应量增减的决策变化,是引起名义国民收入发生变化的主要原因。具体表现为:货币供应量的减少导致名义国民收入减少,货币供应量的增加导致名义国民收入的增加。

需要注意的是,弗里德曼之所以首先强调货币需求函数是一个稳定的函数,目的在于尽可能缩小货币流通速度发生变化的可能性,假如货币供应量的变化会导致货币流通速度相应地发生变化,那么,货币供应量与名义国民收入之间的关系将变得无法确定。在强调货币需求函数是一个稳定的函数后,货币流动速度这一变量可以被忽略不计,就可以在货币供应量与名义国民收入之间建立起一种函数关系。

第三,货币学派认为:在短期内,货币供应量的变化影响的主要是国家的总产量,对于物价水平短期内影响甚微。但是在长期内,货币供给量对于总产量没有影响,总产出量完全取决于劳动投入量、资本投入量、资源状况和技术水平等因素。但是长期内,货币供给量决定物价水平。

第四,货币学派认为市场是可以起到资源配置作用的,如果充分发挥市场机制的调节作用,经济可以将失业水平控制在一个可以接受的范围内。货币学派认为:凯恩斯主义主张政府通过财政政策和货币政策来干预经济,不但不会减少经济的不稳定性,甚至会加强经济的不稳定性。因此,弗里德曼反对国家对于经济的干预,主张将货币存量作为唯一的政策工具,政府只需要确定并公布一个与预期国民收入增长率相一致的货币增长率,以保障价格水平的稳定,而其他的资源配置问题则完全由市场机制进行调节。

(五)理性预期学派的冲击

1949年美国计量经济学家劳伦斯·罗伯特·克莱因出版《凯恩斯的革命》一书,该书非常关注凯恩斯经济学的建模问题,尤其是其消费函数、货币需求函数以及投资函数等问题的建模。克莱因后来成为美国和英国宏观计量经济建模的先驱者,他也因此获得了诺贝尔经济学奖。宏观计量经济建模与凯恩斯宏观经济学并驾齐驱。宏观计量经济建模的任务是从时间序列数据和回归分析中得出系数值,来比较可供选择的政策措施。然而在滞胀时期,宏观计量经济建模却失效了,卢卡斯很快认识到宏观经济建模失败的原因,他认为20世纪70年代早期的宏观经济模型的失败,其根本原因乃是一个更为一般性的失败,即无法把构成经济体的个人的、理性的最优化行为人的行为予以模型化。因为政府不像个人一样灵活,所以政府稳定经济的措施都是相对滞后的,由于公众会对政府措施进行预测,并提前采取相应对策,导致政府措施都会被公众的合理预期抵消,成为无效措施。基于此,理性预期学派反对任何形式的国家干预,认为国家干预经济的任何措施都是无效的,要保持经济稳定,就应该市场经济的资源配置作用。

(六)供给学派的冲击

供给学派亦称"供给经济学""供给方面经济学"。该学派出现于20

世纪 70 年代的美国,是从供给方面考察经济现状和寻求对策的一种经济理论,主要代表人物有蒙代尔、拉弗、吉尔德等。相对于强调经济需求的凯恩斯主义而言。供给学派的主要论点和主张是:(1)大幅度降低个人和企业纳税的税率,以增加个人储蓄能力。刺激人们工作的积极性,提高对企业的投资能力和投资积极性。(2)取消国家对经济的过多干预,加强劳动和商品市场上的竞争。(3)对货币进行管理,使货币的增长率与总供给的增长率相适应。减少政府支持,使政府支出与政府收入相一致,逐步实现预算平衡。

三、宏观经济学教材的发展

与宏观经济学发展相对应,宏观经济学教材也处于发展过程当中。由于历史事件的冲击和学术的进步,宏观经济学教材的内容经历了一个从需求侧到供求均衡,再到供给侧的过程,新的宏观经济学理论不断补充到新修订的教材中来。

保罗·萨缪尔森是宏观经济学新古典综合派的开创者,是现代的经济学巨匠,鉴于他对经济学所作的杰出贡献,1970 年,保罗·萨缪尔森被颁予诺贝尔经济学奖。教科书《经济学》是保罗·萨缪尔森的杰出代表作,这本教材也取得了巨大的成功, 第一版《经济学》出版于 1948 年,到 2009 年萨缪尔森辞世为止,这本教材一共出版了 19 版,并被翻译成 40 多种文字,行销全世界,全球累计发行量达到了数千万册。这本教材被公认为是继 1848 年约翰·穆勒的《政治经济学原理》和 1890 年马歇尔的《经济学原理》之后,第三本最流行的经济学教科书。由于在教学方面和学术方面都做出了巨大贡献,本·伯南克评价萨缪尔森为"一个道路的开拓者、多产的经济学理论家、已知的最伟大的经济学教师之一"。

随着经济的发展,新的历史事件不断地冲击着宏观经济学理论,新的观点层出不穷,萨缪尔森的《经济学》教材也在与时俱进,不断地发展着。可以将《经济学》教材的发展归纳为以下几个阶段。

(一)宏观经济学的诞生

1948年,萨缪尔森出版教材《经济学》,标志着宏观经济学作为一门课程的诞生,并确立了现代宏观经济学新的教材范式。萨缪尔森第一版《经济学》与传统的马歇尔经济学的理论框架不完全一致,在萨缪尔森的《经济学》教材中,增加了宏观经济学部分,并将凯恩斯《就业、利息、货币通论》中的内容系统地引入到《经济学》教材中来。《经济学》第一版的宏观部分将国民收入的决定问题作为贯穿宏观部分的主线,在第十六、十七、十八章当中,萨缪尔森分别介绍了消费函数、储蓄函数、乘数效应、投资函数和财政政策等凯恩斯经济学内容。萨缪尔森的第一版《经济学》普及和发展了凯恩斯的宏观经济理论,开创了经济学教材的新范式,对于经济学的教学产生了广泛而持久的影响。

另外,因为希克斯和汉斯的IS-LM模型把边际消费倾向、资本边际效率,货币需求和货币供给四个变量放在一起,构成一个最终产品市场和货币市场之间相互作用,并且共同决定均衡国民收入和均衡利息率的理论框架,从而使凯恩斯的有效需求理论得到了较为完善的表述。所以,萨缪尔森从第三版(1955)《经济学》教材开始,将IS-LM引入教材当中。并且,从1968年的第七版《经济学》开始,萨缪尔森正式开始以IS-LM图形的形式介绍宏观经济学内容。

(二)从凯恩斯主义到新古典综合阶段

萨缪尔森是新古典综合派的开创者。"新古典综合"的概念是萨缪尔森在其 1955 年出版的第三版《经济学》教材当中首次提及的。另外萨缪尔森在其 1961 年出版的第五版《经济学》教材中,明确使用了"新古典学派的综合"一词来概括他的经济学理念。

新古典综合的含义是将以马歇尔为代表的古典经济学和以凯恩斯为代表的宏观经济学,有机地联系起来,并将二者融于一本教科书当中。萨缪尔森认为,微观经济学和宏观经济学表面上看来水火不容,但实际上,二者的分歧并不像他们表面上看起来的那么严重,并且可以用一种统一的逻辑把微观经济学和宏观经济学连成一个有机的整体。这个逻辑就是,马歇尔倡导的市场机制存在一定缺陷,导致经济在运行时出现了一些问题,因此,凯恩斯主张的政府政策干预是必要的,有利于弥补市场机制的不足。但是,在解决了市场机制缺陷所导致的市场失衡之后,经济运行还要依靠市场,价格机制这只"看不见的手"仍然可以发挥调节市场均衡的作用,萨伊定律仍然有效。由此可见,萨缪尔森提出的"新古典综合"就是市场机制调节与政府调节相结合的混合经济。

(三)"新古典综合"到"后凯恩斯主流经济学"再到"现代主流经济学综合"

20 世纪 70 年代西方国家普遍出现滞胀现象,而凯恩斯经济学无法解释滞胀现象,致使凯恩斯经济学的主流地位受到挑战,货币学派、理性预期学派对于凯恩斯经济学的挑战主要还是围绕总需求以及应该采取哪种宏观经济政策展开的。以弗里德曼为代表的货币学派认为,由于财政政策会导致挤出效应,所以,货币政策在宏观经济管理中比财政政策更有效,政府应该更多地采用货币政策。

作为对滞胀现象以及出现的新理论的回应,萨缪尔森在《经济学》第四版(1958 年)中引入了货币政策,并强调货币政策和财政政策相结合的必要性,指出货币政策和财政政策必须相互协调,才能实现经济稳定的宏观目标。

新事件、新理论的出现使萨缪尔森深化了对于宏观需求管理的理解，并使宏观需求管理的内容得到了拓展。在 1970 年第 8 版《经济学》中，萨缪尔森没有再使用新古典综合这一概念，而是将"新古典综合"改成了"后凯恩斯主流经济学"，这反映了宏观经济学的发展。在《经济学》第 10 版中，萨缪尔森进一步承认了货币政策已经和财政政策处于同等重要的地位。

在 1982 年出版的第 12 版《经济学》教材中，萨缪尔森又作了进一步的调整，他充分接纳了理性预期学派的研究成果，对宏观经济学进行了更高层次的综合，进一步将"后凯恩斯主流经济学"修改为"现代主流经济学的新综合"。而且，萨缪尔森开始注意宏观经济学的微观基础，在《经济学》教材第 14 版之前，萨缪尔森是将宏观部分放在微观部分之前的，从《经济学》教材第 14 版开始，萨缪尔森把微观经济学部分调到了宏观经济学部分之前。

（四）从需求侧到需求供给的均衡

在 1976 年萨缪尔森所著的《经济学》教材第 10 版中，还没有对总供给的分析；对经济增长的分析出现在最后的篇目；在经济成长论一章中，简要介绍了李嘉图—马克思—索洛的资本积累模型的思想；在附录中提到了熊彼特的技术革新理论和哈罗德—多玛模型。

从 1982 年第 12 版开始，萨缪尔森所著《经济学》教材中开始增加供给方面的内容。第 12 版《经济学》是萨缪尔森自 1948 年首版以来最彻底的一次修订，在该版教材中，首次引入 AD-AS 模型，其中总需求理论的核心主题包括：财政政策、货币政策与基于乘数模型的国民收入决定，IS-LM 模型；货币主义与货币需求；理性预期与政策无效性等内容。总供给理论包括：失业与总供给的影响因素；自然失业率、潜在产出与奥肯定律；菲利普斯曲线;经济增长核算和理论;熊彼特、哈罗德—多玛模型;发展中国家经济学。

在第16版《经济学》中,根据经济学学术的进步,他又大幅地纳入信息经济学、博弈论、实际经济周期学派等内容。在第19版,也是最后一版的《经济学》(2010年)中,他对货币政策、货币与国际金融体系、经济增长、通货膨胀与经济政策做了重点阐述,对经济发展模式选择、混合经济、经济增长与居民福利等也进行了简洁的介绍。

四、三个模型内容概述

(一)NI-AE 模型的均衡国民收入

NI-AE 模型是描述均衡国民收入决定的基础模型,它反映了凯恩斯的宏观经济学观点。该模型产生的背景是经济萧条时期,认为经济萧条时期的主要问题是最终产品市场总需求不足,或者说最终产品市场总供给过剩,所以,在 NI-AE 模型中,假定最终产品市场的总需求总是可以被最终产品市场总供给所满足。因此,在 NI-AE 模型中,均衡国民收入被定义为与最终产品市场总需求相等的国民收入水平。

在明确了最终产品市场总需求决定均衡国民收入水平之后,NI-AE 模型将研究重点放在了对最终产品市场总需求的分析上。NI-AE 模型将最终产品市场总需求分解为四部分,分别是:家庭部门的消费、投资、政府部门的政府采购以及国外部门的净出口。其中消费又被分解为自发消费与引致消费,自发消费是指收入为零时举债或动用过去的储蓄也必须要有的基本生活消费;引致消费指由收入增加所引起的消费,引致消费的大小取决于国民收入增加量和边际消费倾向。

因为国民收入不是影响自发消费、投资、政府采购和净出口的主要因素,所以,在 NI-AE 模型中,自发消费、投资、政府采购和净出口被看作是与国民收入无关的总需求,作为外生给定常量处理。而引致消费是与国民收入有关的总需求,是国民收入的函数,随国民收入变化而变化。

根据最终产品市场总需求总能被国民收入所满足的背景假设,均衡国民收入的基本计算公式为 AE=NI,其中 AE 代表最终产品市场总需求,由自发消费 α、引致消费 $\beta \cdot y$、投资 I、政府采购 G、净出口 NX 组成。NI 代表最终产品市场总供给(国民收入),用 y 表示。均衡国民收入的计算公式可以表示为:

$$\alpha + \beta \cdot y + I + G + NX = y$$

化简后,均衡国民收入计算公式表示为:

$$y = \frac{\alpha + I + G + NX}{1 - \beta}$$

(二)IS-LM 模型的均衡国民收入

IS-LM 模型是阐述均衡国民收入决定的第二个模型,在 IS-LM 模型中,首先介绍的是 IS 曲线。IS 曲线是 NI-AE 模型的延伸。在 NI-AE 模型当中,因为国民收入不是投资的主要决定因素,所以投资和自发消费、政府采购、净出口一样,被看作外生给定的常量。虽然是外生给定的常量,但投资的变化仍然会对均衡国民收入水平产生影响:投资增加,均衡国民收入水平提高;投资减少,均衡国民收入水平降低。

在 IS-LM 模型当中,除了国民收入是自变量,利息率也被作为自变量考虑。投资是利息率的函数,所以在 IS-LM 模型当中,投资成为了内生变量。投资随利息率的变化而变化,利息率提高,投资减少,利息率降低,投资增加,利息率和投资呈反方向变动关系。利息率影响投资,而投资影响均衡国民收入水平,所以,均衡国民收入水平随利息率变化而变化,IS 曲线就是反映均衡国民收入与利息率之间关系的曲线,其含义是使最终产品市场均衡的国民收入和利息率组合的集合。IS 曲线上的所有利息率和国民收入组合都可以使最终产品市场达到均衡,如果要在 IS 曲线上众多国民收入和利息率组合当中确定一个国民收入水平,就需要寻找另外一个力量,为此,宏观经济学引入了货币市场。货币市场存在两个力量:一个力量是货币需求,一个力量是货币供给。货币需求是指,在不同情况下,人们出于各种考虑,而愿意持有一定数量货币的需要。凯恩斯认为,人们对于货币的需求主要出于三个动机,分别是:交易动机、谨慎动机和投机动机。在这三种动机中,出于交易动机和谨慎动机对于货币的需求,都与国民收入水平有关,所以称这两种动机对于货币的需求为第一种货币需求,第一种货币需求与国民收入呈同方向变动。国民收入水平越高,第一种货币需求越多;国民收入水平越低,第一种货币需求越少。出于投机动机的货币需求与利息率相关,被称为第二种货币需求,第二种货币需求与利息率呈反方向变动。利息率越高,第二种货币需求越少;利息率越低,第二种货币需求越多。货币总需求由第一种货币需求和第二种货币需求构成,它等于两种货币需求的和。

在货币市场当中,货币的供给量往往被假定为一个外生变量,这是因为货币供给是由货币当局控制的,即由代表政府的中央银行所控制。由于货币供给总是先满足第一种货币需求,所以在货币供给量既定的情况下,用于满足第二种货币需求的货币供给量与第一种货币需求呈反方向变动。国民收入水平高,第一种货币需求多,第二种货币供给少,导致利息率水平提高;国民收入水平低,第一种货币需求少,第二种货币供给多,导致利息率水平降低。由此可见,在货币市场上,国民收入与利息率之间呈反方向变动关系。这种关系用 LM 曲线表示。LM 曲线的含义是:使货币市场均衡的国民收入与利息率组合的集合。

在 IS 曲线上,国民收入与利息率反方向变动。在 LM 曲线上,国民收入与利息率同方向变动。IS 曲线和 LM 曲线交于一点,交点即为使商品市场与货币市场同时达到均衡的国民收入与利息率组合,该点所对应的国民收入水平就是 IS-LM 模型中的均衡国民收入水平。

(三) AD-AS 模型的均衡国民收入

AD-AS 模型是描述国民收入决定的第三个模型。AD 曲线是在 IS-LM 模型均衡的基础上,通过改变价格条件所得到的反映价格水平与均衡国民收入关系的曲线,具体推导过程为:在其他因素不变的条件下,改变价格水平,价格水平的变化必然导致实际货币供给量的变化,具体为:价格水平上升时,实际货币供给量减少,LM 曲线向上移动;价格水平下降时,实际货币供给量增加,LM 曲线向下移动。LM 曲线发生移动后,会与 IS 曲线形成新的交点,每一个交点都表示在不同的价格水平下,使两个市场同时均衡的国民收入和利息率组合的集合。由于在 IS-LM 模型中,均衡国民收入代表的是对最终产品的总需求量,所以在 AD-AS 模型当中的价格水平与均衡国民收入之间的关系,实际上就是价格水平和国民收入需求量之间的关系,二者关系的轨迹被称为总需求曲线。

由于凯恩斯主义经济学诞生的背景是资本主义经济大萧条,所以凯恩斯经济学家们主要研究的是当时出于矛盾主要方面的总需求,对于作为矛盾另一方面的总供给方面并未予以足够重视。随着滞胀等新的经济现象的出现,经济学家们越来越认识到对于总供给进行研究的重要性,由于缺乏新的理论,大多数经济学家便把新古典经济学中的生产函数的理论与劳动市场均衡理论结合起来,推导宏观经济学的总供给曲线。

在宏观经济学中,总供给取决于劳动、资本的投入量以及技术水平。根据要素投入量可否发生变化,生产分为短期和长期两种情况。短期内,假设资本投入量和技术水平不变,总产出水平就取决于劳动投入量。长期内,则主要考虑资本的变化以及技术水平的提高。

短期内总供给取决于劳动投入量，而劳动投入量是由劳动市场决定的。实际工资是名义工资与价格水平的比值，在劳动市场的分析中，一般认为对于劳动的需求与实际工资呈反方向变动，劳动供给与实际工资呈同方向变动，所以，劳动需求和劳动供给是方向相反的两个力量，当劳动需求曲线与劳动供给曲线相交时，代表两个力量相等。这时的状态被称为劳动市场均衡，劳动市场均衡时的工资被称为均衡实际工资水平，劳动市场均衡时的劳动力数量被称为均衡的劳动投入量。

凯恩斯认为货币工资具有刚性，所谓货币工资刚性是指：当货币工资时下降，人们会进行抵抗；但当货币工资上升时，人们则持欢迎态度。因此，货币工资会遇到下降阻力，从而只能上升，不能下降。而且，人们具有"货币幻觉"，即只关心货币的票面价值数量而不关心货币的实际购买力，所以，人们对价格水平不变情况下的货币工资下降进行抵抗，而不抵抗货币工资不变情况下价格水平的提高。所以，当货币工资不变，而价格水平上升时，由于企业利润的提高，企业会倾向于雇佣更多劳动，劳动需求的增加导致在原有工资水平上，劳动的需求量大于劳动的供给量。这样，企业之间会争相雇佣劳动者，从而会提高货币工资水平。货币工资水平的上升不会受到人们的抵制，所以货币工资很快会上升到新的均衡水平，就业量不再变，因而，总产量不变。价格上升时，总供给与价格水平的关系为：价格水平上升，总供给增加。图形表示为一条斜率为正的线段。

当货币工资不变，价格水平下降时，由于企业利润减少，企业倾向于减少劳动的使用，从而导致劳动的供给量大于劳动的需求量。此时，如果货币工资水平可以下降，就可以使实际工资仍然保持在原有的水平，就业量也仍可维持在原就业水平。但货币工资具有下降刚性，在短期内货币工资不会下降。因此，企业为了获得最大利润只能雇佣少量劳动者，导致总产量下降。价格下降时，总供给与价格水平的关系为：价格下降，总供给下降。图形表示为一条向左下方倾斜的线段。

总需求曲线表明国民收入与价格水平呈反方向变动,总供给曲线表明国民收入与价格水平呈反 L 形变动。将总需求曲线和总供给曲线画到同一坐标轴内,二者必然交于一点,该点即为总需求曲线和总供给曲线的均衡点,该点所对应的价格水平为均衡价格水平,该点所对应的国民收入水平为均衡国民收入水平。

五、三种均衡国民收入的关系研究

通过对 NI-AE 模型、IS-LM 模型和 AD-AS 模型三种模型的描述可知,虽然在三个模型当中都出现了均衡国民收入概念,但三个均衡国民收入概念所代表的均衡条件并不相同。

NI-AE 模型关注的是最终产品市场,最终产品市场总需求和最终产品市场总供给相等时的状态被称为最终产品市场均衡,NI-AE 模型将最终产品市场均衡时的国民收入定义为均衡国民收入。

IS-LM 模型既关注最终产品市场,也关注货币市场,IS 曲线代表最终产品市场均衡时利息率和国民收入组合的集合,LM 曲线代表货币市场均衡时利息率和国民收入组合的集合,IS 曲线和 LM 曲线的交点代表两个市场同时处于均衡状态,IS-LM 模型将两个市场均衡时的国民收入称为均衡国民收入。

第三种均衡国民收入的计算方法出现在 AD-AS 模型中,AD 曲线叫作总需求曲线,表示在每一个价格总水平,经济社会均衡的总支出水平。AS 曲线叫作总供给曲线,表示在每一个价格总水平,经济社会的国民收入供给量。AD 曲线和 AS 的交点代表总需求和总供给相等,AD-AS 模型将总需求和总供给相等时的国民收入称为均衡国民收入。

三种均衡收入反映了经济学家对于均衡国民收入问题认识的不断发展,越来越多的因素被纳入考虑范围内,从而出现了三种均衡国民收入不同的计算方法。对于新理论的加入,宏观经济学教材采用的是百科全书式的平行论述,并没有对新旧理论之间的逻辑关系进行梳理,从而造成宏观经济学中出现了三种并列的均衡国民收入计算方法。

六、国民收入需求量的概念

三种均衡国民收入的均衡条件不同,要将三种均衡国民收入加以区分,可以将三种均衡国民收入的前提条件叙述清楚。NI–AE 模型中的均衡国民收入可以表述为:不考虑货币市场,且最终产品总供给过剩条件下的均衡国民收入。IS–LM 模型中的均衡国民收入可以表述为:考虑货币市场,且最终产品总供给过剩条件下的均衡国民收入。AD–AS 模型中的均衡国民收入可以表述为:既考虑最终产品市场,也考虑货币市场;既考虑总需求,也考虑总供给时的均衡国民收入。显然,由于定语太长,通过给均衡国民收入加上定语以区分三种均衡国民收入的方法并不方便。在教学过程当中不具有可实施性。

在 NI–AE 模型和 IS–LM 模型当中,最终产品市场总需求假设为总能被最终产品市场总供给满足,这一假设说明,在 NI–AE 模型和 IS–LM 模型当中,最终产品市场总需求并不是真的需要被最终产品市场总供给满足,需要的只是一个概念上的能够使总需求得到满足的国民收入量。既然最终产品市场总需求不需要真的被满足,那就可以引入国民收入需求量这一概念,来取代 NI–AE 模型和 IS–LM 模型当中的均衡国民收入概念。

国民收入需求量的定义是:使总需求得到满足所需要的国民收入数

量。通过引入国民收入需求量，NI-AE 模型和 IS-LM 模型当中最终产品市场总需求和最终产品市场总供给均衡的问题实际上转化成两个问题。第一个问题是最终产品市场总需求需要多少国民收入予以满足的问题，即国民收入需求量的计算问题；第二个问题是国民收入需求量是否真的被最终产品总供给所满足。

NI-AE 模型和 IS-LM 模型实际关心的是第一个问题，即最终产品市场总需求需要多少国民收入予以满足的问题；而不需要国民收入需求量真的被最终产品市场总供给所满足。所以，可以将 NI-AE 模型和 IS-LM 模型中的均衡国民收入用国民收入需求量予以替代。

用国民收入需求量概念替代了 NI-AE 模型和 IS-LM 模型当中的均衡国民收入概念后，在宏观经济学当中，均衡国民收入仅在 AD-AS 模型当中使用，从而解决了均衡国民收入概念重复出现的问题。

七、两部门三市场模型下国民收入需求量的推导

在 NI-AE 模型和 IS-LM 模型当中，最终产品市场总需求并不是真的需要被最终产品市场总供给满足，需要的只是一个概念上的能够使总需求得到满足的国民收入量。之所以使用均衡国民收入概念，很大程度是因为在计算时，需要使用最终产品市场总需求等于最终产品市场总供给这一均衡条件。

为解决宏观经济学三次出现均衡国民收入的问题，本文提出用国民收入需求量概念替代 NI-AE 模型和 IS-LM 模型当中的均衡国民收入概念，而用国民收入需求量概念替代均衡国民收入概念的关键是，在不使用最终产品市场总需求等于最终产品市场总供给这一均衡条件的情况下，推导出

国民收入需求量的计算方法。下面将对国民收入需求量的计算方法进行推导。

(一) 与收入无关的总需求

国民收入需求量的推导以经济循环模型为基础,在两部门三市场模型当中,总需求由消费和投资两部分构成,其中消费又分为自发消费和引致消费。

自发消费是消费当中必不可少的部分,它代表着人们的最低生活水平,是人们即使在收入为零时,也要通过使用其原先的储蓄或者举债等方式保持基本生活消费。

引致消费是因为国民收入的增加所引起的消费增加。可以将引致消费看作物质资料生产的成本。

投资是指社会实际资本的增加,包括建设厂房、建设新的机器设备和增加存货、建设新住宅等。投资代表着人们对于美好生活的向往。

在两部门三市场模型总需求的三个组成部分中,自发消费和投资是与收入无关的总需求,即使收入为零时,这两种需求也存在。对于这两种需求的满足,是人们进行物质资料生产的最初动力。

(二) 国民收入增加量

人们的需求只有通过物质资料生产予以满足,即最终产品市场总需求只能通过最终产品市场总供给来满足。

最终产品市场总供给有三种表达方法:从生产角度,最终产品市场总供给表现为国内生产总值;从收入角度,最终产品市场总供给表现为国民收入;从用途角度,最终产品市场总供给表现为消费、储蓄、净税收的和。三种表达方式含义相同。最终产品市场总供给的增加量用 Δy 表示,宏观经济学中习惯于将总供给的增加量称为国民收入增加量。

（三）引致消费

人们在进行物质资料生产过程中,会产生引致消费。引致消费是指由收入增加所引起的消费增加。当收入为 0 时,引致消费也为 0;当国民收入增加时,引致消费随之产生,可以将引致消费看作是物质资料生产的一种成本。

引致消费用 $\triangle C$ 表示。每增加一单位国民收入中引致消费所占的比例,叫作边际消费倾向,边际消费倾向等于增加的消费额与增加的收入额之比,公式表示为: $\beta = \triangle c / \triangle y$

为了能更好地理解引致消费,我们需要区分两个概念:边际引致消费和总引致消费。边际引致消费的含义是:国民收入增加一个单位所导致的消费增加量,用 $M\triangle C$ 表示, $M\triangle C = \beta \cdot \triangle y$。总引致消费是由国民收入增加所导致的消费增加量的总量,用 $\triangle C$ 表示,当国民收入增加量等于 1 时,边际引致消费和总引致消费相等。当国民收入增加量大于 1 时,二者关系是:总引致消费等于边际引致消费的和,即 $\triangle C = M\triangle C1 + M\triangle C2 + M\triangle C3 + \cdots$

凯恩斯在《就业、利息与货币通论》中指出:无论我们是从现已了解到人类本性上看,还是从经验中的具体事实来看,我们可以具有很大的信心来使用一条基本心理规律。这条规律就是:在一般情况下,平均说来,当人们收入增加时,他们的消费也会增加,但消费的增加不会像收入增加得那样多。这被称为边际消费倾向递减规律。

由于边际消费倾向递减规律的存在,随着国民收入的增加,每一单位国民收入增量所导致的引致消费数量是下降的,即边际消费倾向下降,公式表示为 $\beta1 > \beta2 > \beta3 \cdots$。相应的,边际引致消费($M\triangle C$)也呈递减趋势,即: $M\triangle C1 > M\triangle C2 > M\triangle C3 \cdots$。总引致消费等于边际引致消费的和,所以总引致消费的公式应为: $\triangle C = M\triangle C1 + M\triangle C2 + M\triangle C3 \cdots = \beta1 \cdot \triangle y1$

$+ β2 · \triangle y2 + β3 · \triangle y3 + \cdots$。到目前为止,引致消费只与国民收入增加量有关,即 $\triangle C = f(\triangle y)$。

为了研究的方便,在宏观经济学当中做了一个假设:假定边际消费倾向不随收入的变化而变化。公式表示为 $β = β1 = β2 = β3 = \cdots$。这个假设被称为边际消费倾向不变。

在边际消费倾向不变的条件下,就有了如下的公式推导:

$$\Delta C = \beta · (\Delta y_1 + \Delta y_2 + \Delta y_3 + \cdots) = \beta · \Delta y = \beta · (y - 0) = \beta · y$$

由于边际消费倾向不变,可以对边际引致消费提取公因式,总引致消费就等于边际消费倾向与国民收入增加量的积。因为国民收入增加是从零开始的,所以,国民收入增加量可以用 y 来表示。引致消费成了国民收入的函数,即 $\Delta c = \beta · y$。

引致消费可以用图形予以表示,横轴代表国民收入 y,纵轴代表引致消费 $\triangle C$,引致消费的图形表现为从原点出发的一条射线,其斜率为边际消费倾向。

(四) 引致储蓄

引致消费是由国民收入增加所引起的消费,它随国民收入增加而产生,并被国民收入自动满足。可以将引致消费看作是国民收入增加的一种成本。

国民收入在满足引致消费后剩余的部分,称为引致储蓄。引致储蓄是国民收入变化增加量减去引致消费后剩余的部分,公式表示为 $\triangle S = \Delta y - \triangle C = (1 - \beta) · y$。引致储蓄反映了国民收入与的储蓄增加量之间的关系,用横轴代表国民收入 y,纵轴代表引致消费 $\triangle S$,引致储蓄的图形表现为从原点出发的一条射线,其斜率为边际储蓄倾向。

(五) 国民收入需求量的计算

两部门三市场模型中的总需求由自发消费、引致消费和投资三部分组成。其中,引致消费随国民收入增加而产生,并自动被总供给满足,所以,总需求是否得到满足的关键在于,自发消费和投资能否得到满足。

自发消费和投资由引致储蓄来满足,公式表示为:$\triangle S = \alpha + I$。当自发消费和投资能够别引致储蓄满足时,我们称最终产品市场总需求都得到了满足。$\triangle S = \alpha + I$ 被称为最终产品市场总需求得到满足的条件。

将引致储蓄公式 $\triangle S = (1 - \beta) \cdot y$ 带入最终产品市场总需求得到满足的条件,$\alpha + I = (1 - \beta) \cdot y$。对该条件进行化简,可以计算出使最终产品市场总需求得到满足的国民收入需求量。公式为:

$$y = (\alpha + I) / (1 - \beta)$$

八、三部门三市场模型下国民收入需求量的推导

两部门三市场模型计算国民收入需求量的方法也可以运用到三部门三市场模型当中。三部门三市场模型是在两部门三市场模型的基础上增加了政府部门形成的。加入政府部门之后,发生了如下变化:一是由于政府部门的加入,总需求在消费和投资的基础上,增加了政府采购。总供给在消费和储蓄的基础之上增加了净税收,二是消费和储蓄的内涵发生了变化。在两部门三市场模型当中,因为不存在政府部门,所以全部国民收入都是家庭部门的可支配收入。消费和储蓄是对可支配收入的分解,而两部门三市场模型当中国民收入与可支配收入相等,所以,消费和储蓄可以表现为是国民收入的函数。但是,在三部门三市场模型当中,并不是所有国民收入都是家庭部门的可支配收入,家庭部门获得国民收入后要先缴税,缴税后剩下的部分,才是家庭部门的可支配收入。所以,消费函数和储蓄函数表现为可支配收入的函数,消费函数 $\triangle C = \beta \cdot (y - NT)$,储蓄函数

$\triangle S = (1 - \beta) \cdot (y - NT)$。其中，$(y - NT)$ 代表可支配收入。

　　三部门三市场模型的总需求也分为与收入有关的总需求和与收入无关的总需求。与收入变化无关的总需求包括：自发消费、投资和政府采购。与收入有关的总需求指引致消费。在三部门三市场模型当中，引致消费随国民收入的产生而产生，并自动被国民收入所满足，所以，最终产品市场总需求得到满足的关键在于，与收入无关的总需求得到满足，在三部门三市场模型当中，与收入无关的总需求由引致储蓄和净税收来满足。所以，三部门三市场模型，最终产品市场总需求得到满足的条件是：

$$(1 - \beta)(y - NT) + NT = \alpha + I + GP$$

　　根据也可以推导出是最终产品市场均衡的国民收入需要量。

$$y - NT = \frac{\alpha + I + GP - NT}{1 - \beta},$$

$$y = \frac{\alpha + I + GP - \beta \cdot NT}{1 - \beta}$$

九、结论

　　由于需要使用最终产品市场总需求等于最终产品市场总供给的方法计算国民收入，导致在宏观经济学中的 NI-AE 模型、IS-LM 模型和 AD-AS 模型中，都出现了均衡国民收入的计算，造成了均衡国民收入计算的多元化，导致宏观经济学逻辑不清楚。本书通过引入国民收入需求量概念，将 NI-AE 模型和 IS-LM 模型中的均衡国民收入替换为国民收入需求量，从而保证了均衡国民收入的唯一性，解决了均衡国民收入计算方法多元化问题。

　　用国民收入需求量替代 NI-AE 模型和 IS-LM 模型中均衡国民收入之

后,NI-AE 模型、IS-LM 模型和 AD 曲线的关系是按照由浅入深的顺序,介绍国民收入需求量的影响因素。

NI-AE 模型介绍的影响因素包括:自发消费水平、投资水平、政府采购、净税收、净出口和边际消费倾向。

IS 曲线将 NI-AE 模型中的投资因素进一步分解为:自主投资、利息率以及利息率对于投资的影响系数。LM 曲线介绍的影响因素包括:第一种货币需求系数、第二种货币需求系数、货币名义供给量和价格水平。

由 NI-AE 模型和 IS-LM 模型可知,影响总需求的因素包括:自发消费、自主投资、政府采购、净税收、净出口、边际消费倾向、利息率对于投资的影响系数、第一种货币需求系数、第二种货币需求系数、货币名义供给量、价格水平,其公式表示为:

$$Y_D = f(\alpha, e, G, NT, , NX, \beta, d, h, k, M, P)$$

第七章　宏观经济学理论框架研究

一、引言

　　宏观经济学是经济学、管理学门类下各专业普遍开设的一门学科基础课,也是一门关于经济总量变化和总量发展的学科,宏观经济学教材内容包括:宏观经济的基本指标及其衡量、产品市场的均衡、产品市场和货币市场的共同均衡、总需求—总供给分析、经济周期、经济增长和经济发展、开放经济的宏观经济学、宏观经济政策等内容。

　　与微观经济学相比较,宏观经济学的教学难度更大。这是因为微观经济学成书时间较长,理论体系非常严谨,学生学习微观经济学的困难主要在于不能很好地理解微观经济学的理论体系。所以,教师需要做的是在介绍微观经济学各个组成理论的同时,注意介绍各个组成理论在微观经济学的理论体系中的作用,这样就可以很好地解决学生在学习微观经济学时遇到的困难。而宏观经济学由于成书时间相对较短,又处于发展过程当中,导致宏观经济学的理论体系并不像微观经济学一样严谨,教师不仅需要对宏观经济学的理论框架进行梳理,也需要对宏观经济学的组成理论进行重新安排,使其符合宏观经济学的理论框架的逻辑,这就加大了宏观经济学的教学难度。本章内容旨在对宏观经济学的理论体系进行梳理,为宏观经济学教学,及将课程思政融入宏观经济学铺平道路。

二、宏观经济学理论框架分析

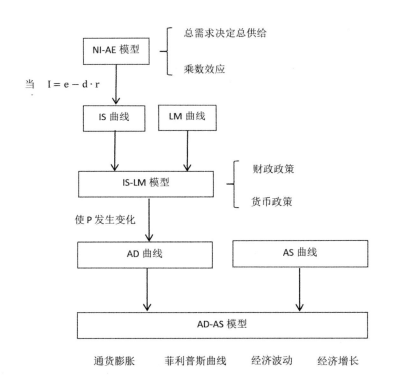

图7-1 宏观经济学理论框架

如图7-1所示,可以以 AD-AS 模型为核心,将宏观经济学的组成理论串联成一个有机的整体。其中,NI-AE 模型、投资函数、IS 曲线、LM 曲线、IS-LM 均衡、价格指数等内容可以作为 AD 曲线的支持理论；劳动力市场需求、劳动力市场供给、劳动力市场均衡、工资刚性、经济增长理论等内容可以看作是 AS 曲线的支持理论；菲利普斯曲线、经济波动、通货膨胀、失业等理论可以看作是对 AD-AS 均衡点轨迹的描述。

三、AD 曲线的推导过程

（一）NI-AE 模型

1. GDP 的含义

GDP 的含义是国内生产总值，是一个国家或地区，在一定时期内，所生产的全部最终产品的市场价值的总和。GDP 反映了一个国家最终产品市场总供给的情况。

NI-AE 模型是凯恩斯的宏观经济思想的集中反映，凯恩斯撰写《就业、利息和货币通论》的背景是资本主义经济大萧条。经济大萧条的本质是实际 GDP 小于潜在 GDP。对于经济大萧条，凯恩斯提出了政府通过财政政策，控制有效需求，从而控制实际 GDP 水平，以解决经济大萧条的政策主张。所以，GDP 既是 NI-AE 模型的起点，也是 NI-AE 模型的终点，对于 NI-AE 模型的介绍，需要从 GDP 的含义开始。

2. 经济循环模型

NI-AE 模型包括国内生产总值、国民收入消费、储蓄、投资、政府采购、净税收、净出口等概念，在介绍 NI-AE 模型之初，需要对以上这些概念进行解释,并将这些概念之间的关系进行梳理。经济循环模型在 NI-AE 模型中的作用就是对以上概念进行讲解,并梳理这些概念之间的关系,为后续国民收入需求量决定的讲解进行铺垫。

经济循环模型用于描述经济体宏观经济运行,按照由简单到复杂的顺序,经济循环模型分为:两部门三市场模型、三部门三市场模型和四部门三市场模型。经济循环的这三种模型有着相同的市场体系,该市场体系由最终产品市场、要素市场和金融市场构成。三种模型的区别在于参与部门的数量不同,四部门三市场模型的参与部门包括家庭部门、企业部门、政府部门和国外部门,它反映的是一个真实经济体的全貌;三部门三市场模型则是在四部门三市场模型的基础上去掉了国外部门,因此,三部门三市场模型反映的是一个封闭的经济体的经济情况;两部门三市场模型是在三部门三市场模型的基础上再减去政府部门,在两部门三市场模型中,整个经济的参与者只有企业部门和家庭部门,它们被称为私人部门,其行为原则符合经济人假说,两部门三市场模型反映的是一个封闭的、完全由市场起资源配置作用的经济模型。

在经济循环模型当中,处于核心位置的都是最终产品市场。最终产品是一个与中间产品相对应的概念,最终产品指不再加工而用于最终消费的产品,包括一定时期内的个人消费品、公共消费品、用作固定资产投资的产品、用于增加储备的产品、用于国防的产品和净出口的产品等。

在最终产品市场当中存在两个力量,一个是最终产品市场总需求,一个是最终产品总供给。关于最终产品市场总需求,在不同的模型当中,由于组成部门不同,所以总需求的构成也不同。在两部门三市场模型当中,总需求包括消费、投资,即 $AD = C + I$;在三部门三市场模型当中,总需求由消费、投资、政府采购构成,即 $AD = C + I + GP$;在四部门三市场模型当中,总需求包括消费、投资、政府采购和净出口,即 $AD = C + I + GP + NX$。

最终产品市场的总供给,可以从三个角度予以衡量:一是从生产角度进行衡量,表现为一个国家的国内生产总值;二是从收入角度进行衡量,表现为国民收入;三是从国民收入的用途角度进行衡量,在两部门三市场模型当中,国民收入分解为消费和储蓄,在三部门三市场模型和四部门三市场模型中,国民收入分解为消费、储蓄和净税收。最终产品市场总供给有多种表达方式,为方便起见,用 y 来表示最终产品市场总供给。

3. 自发消费和投资

在 NI-AE 模型中,决定国民收入水平需求量水平的是最终产品市场总需求。最终产品市场总需求由消费、投资、政府采购、净出口组成,NI-AE 对最终产品市场总需求及其满足条件进行重点讲解。

根据是否随收入变化而变化,消费可以分为两个部分:自发消费和引致消费。自发消费一般用 α 来表示,是指收入为零时举债或动用过去的储蓄也必须要满足的基本生活消费。自发消费包含人的基本需求决定的必需的消费,如维持生存的衣、食、住等。无论收入多少,这部分消费都是必不可少的。自发消费不随收入变动而变动。

投资指资本的形成,是社会实际资本的增加,包括厂房、机器设备和存货的增加,新住宅的建设等。投资代表着人们对于美好生活的向往。在 NI-AE 模型当中,投资也被看作与收入无关。

自发消费和投资需要被满足,而满足自发消费和投资的方法就是进行物质资料生产,在 NI-AE 模型中,自发消费和投资可以被看作物质资料生产的原因和动力。

4. 引致消费和引致储蓄

引致消费是由国民收入变化所引起的消费变化,当国民收入为零时,引致消费也为零;当国民收入增加时,引致消费随着国民收入的增加而增加。人们并不会将物质资料生产的全部用于满足引致消费,增加的国民收入会被用于两个用途：一是增加消费，用 $\triangle C$ 表示；一是增加储蓄，用 $\triangle S$ 表示。因为 $\triangle C$ 和 $\triangle S$ 都是由国民收入增加引起的，所以 $\triangle C$ 称为引致消费、$\triangle S$ 称为引致储蓄。引致消费 $\triangle C$ 在增加的国民收入当中所占的比例称为边际消费倾向，用 β 表示，由于引致消费和引致储蓄是互补关系，即 $\triangle C + \triangle S = y$，所以引致储蓄在增加的国民收当中所占的比例用 $1 - \beta$ 表示，称为边际储蓄倾向。引致消费的公式表示为 $\triangle C = \beta \cdot y$，引致储蓄的公式表示为 $\triangle C = (1 - \beta) \cdot y$。

引致消费随国民收入的增加而增加并自动被国民收入满足，所以，可以将引致消费看作物质资料生产的一种成本，物质资料生产的结果表现为国民收入增加量，国民收入增加量在扣除引致消费后，剩余的部分就是引致储蓄，自发消费和投资都需要靠引致储蓄予以满足。

5. 两部门三市场模型国民收入需求量的计算

两部门三市场模型中的最终产品市场总需求由自发消费、引致消费和投资三部分组成。其中，引致消费随国民收入增加而产生，并自动被总供给所满足，所以，总需求是否得到满足的关键在于，自发消费和投资能否得到满足。

自发消费和投资都是由引致储蓄来予以满足的，所以总需求得到满足的条件是：引致储蓄等于自发消费和投资的和，公式表示为：$\triangle S = \alpha + I$。当自发消费和投资能够别引致储蓄满足时，我们称最终产品市场总需求都得到了满足。

将引致储蓄公式 $\triangle S = (1 - \beta) \cdot y$ 带入最终产品市场总需求得到满足的条件，得到公式 $\alpha + I = (1 - \beta) \cdot y$。对该条件进行化简，可以计算出使最终产品市场总需求得到满足的国民收入需求量。公式为：

$$y = (\alpha + I)/(1 - \beta)$$

6. 消费函数和储蓄函数

在宏观经济学教材当中，NI-AE 模型使用的是最终产品市场总需求和最终产品市场总供给相等这一条件，计算出均衡国民收入。以两部门三市场模型为例，在两部门三市场模型中，总需求包括消费和投资，即 $AE = C + I$。最终产品市场均衡的条件是最终产品市场总需求等于最终产品市场总供给，公式表示为：$AE = NI$，或者表示为：$C + I = y$。

为了保证宏观经济学当中均衡国民收入概念的唯一性，本书用国民收入需求量这一概念替代了 NI-AE 模型中的均衡国民收入概念。在两部门三市场模型当中，用自发消费和投资被引致储蓄所满足这一条件，替代了主流教材中最终产品市场总需求等于最终产品市场总供给这一条件。虽然计算的方法不同，但两种方法的原理是一样的，为了一致性，需要将新方法的均衡条件和教材的均衡条件进行统一。具体方法如下：

按照本书的方法，最终产品市场总需求得到满足的条件是自发消费和投资被引致储蓄所满足，公式表示为：$\alpha + I = (1 - \beta) \cdot y$。根据加法法则，等式两边同时加上或者减去同一个数，等式不变。所以，在等式两边同时加上引致消费。等式左边为：$\alpha + \triangle C + I$。其中 $\alpha + \triangle C$ 等于消费 C。所以等式左边可以写为：$C + I$。等式右边为：$(1 - \beta) \cdot y + \triangle C$，因为 $\triangle C = \beta \cdot y$，所以等式右边等于 y。在等式两边同时加上引致消费后，最终产品市场总需求得到满足的条件表达为 $C + I = y$，与宏观经济学教材保持一致。

7. 三部门国民收入需求量的计算

两部门三市场模型计算国民收入需求量的方法同样可以运用到三部门三市场模型当中。三部门三市场模型是在两部门三市场模型的基础上增加政府部门形成的。加入政府部门之后，发生了如下变化：一是由于政府部门的加入,最终产品市场总需求在原来消费和投资的基础上,增加了政府采购。最终产品市场总供给在消费和储蓄的基础之上增加了净税收。二是消费和储蓄的内涵发生了变化。在两部门三市场模型当中,因为不存在政府部门,所以全部国民收入都是家庭部门的可支配收入。消费和储蓄是对可支配收入的分解,而两部门三市场模型当中国民收入与可支配收入相等,所以,消费和储蓄可以表现为是国民收入的函数。但是,在三部门三市场模型当中,并不是所有国民收入都是家庭部门的可支配收入,家庭部门获得国民收入后要先缴税,缴税后剩下的部分,才是家庭部门的可支配收入。所以,消费函数和储蓄函数表现为可支配收入的函数,消费函数 $\triangle C = \beta \cdot (y - NT)$,储蓄函数 $\triangle S = (1 - \beta) \cdot (y - NT)$。其中,$(y - NT)$ 代表可支配收入。

与两部门三市场模型相似,三部门三市场模型的总需求也分为与收入有关的总需求和与收入无关的总需求。与收入变化无关的总需求包括:自发消费,投资和政府采购。与收入有关的总需求包括引致消费。在三部门三市场模型当中,引致消费同样随国民收入的产生而产生,并自动被增加的国民收入满足,所以,最终产品市场总需求得到满足的关键在于,与收入无关的总需求得到满足,在三部门三市场模型当中,与收入无关的总需求由引致储蓄和净税收来满足。所以,三部门三市场模型,最终产品市场总需求得到满足的条件是:

$$(1 - \beta)(y - NT) + NT = \alpha + I + GP$$

根据上式,可以推导出最终产品市场的国民收入需要量。

$$y = \frac{\alpha + I + GP - \beta \cdot NT}{1 - \beta}$$

(二)基于需求理论的投资理论的规范化

在 NI-AE 模型当中,投资被看作一个外生变量。当将投资看作利息率的函数,作为内生变量时,宏观经济学就可以从 NI-AE 模型基础之上推导出 IS

曲线。但是,宏观经济学教学中对于投资理论的介绍比较松散,没有形成一个系统,造成学习者对投资理论理解的困难。微观经济学中需求理论在内容框架上与投资理论有共同之处,使用需求理论的框架对投资理论进行介绍,有助于对投资理论的理解。

1. 需求理论概述

需求理论属于微观经济学中的均衡价格理论。均衡价格理论是说明市场如何在需求、供给两个力量之间实现均衡的理论,需求价格理论是均衡价格理论的组成部分,用于说明第一种力量需求。需求理论分为五个部分,分别是影响需求的因素、需求的概念、需求的表达、需求定理以及需求量的变动和需求的变动。

影响需求的因素总结了导致某一商品需求量发生变化的因素,这些因素包括:商品自身价格、收入水平、相关商品价格、偏好、预期价格。用公式表示为:$Q_d = f(P, I, P_X, P_Y, F, P_e)$。需求的概念是指:在一定时期内,在每个价格水平下,消费者愿意并且能够购买的商品数量。也就是说,需求的概念考察的是需求量与价格之间的关系,公式表示为 $Q_d = f(P)$;需求的表达是在需求概念的基础之上,说明需求量与价格之间关系的表达方法,表达方法有三种,分别为需求表、需求曲线和需求公式;需求定理则是在需求概念的基础上,说明需求量与价格之间的关系,即在其他条件不变的情况下,商品的需求量与价格之间呈反方向变动的关系,即价格上涨,需求量减少;价格下降,需求量增加;需求量的变动和需求变动说明不同因素对于需求影响的图形表示方式。由价格因素引起的需求变化称为需求量的变化,表现为在同一条需求曲线上点的移动。由价格以为其他因素引起的需求变化称为需求的变化,表现为需求曲线的左右平移。

投资理论在内容结构上与需求理论有相似之处,所以投资理论的内容也可以归纳为五个部分,分别是:影响投资的因素、投资函数、投资表达、投资定理、投资量的变动与投资的变动。由于投资函数、投资表达、投资定理说明的都是投资与利息率的关系,所以将这三个部分进行合并。这样投资理论的内容可以归纳为三部分:影响投资的因素,投资函数及表达,投资量的变动与投资的变动。

2. 影响投资的因素

一个项目是否投资取决于投资者对于该投资项目的权衡利弊,即投资收益是否大于投资成本。如果投资带来的收益大于投资的成本,即投资的净利润将大于零,那么该项目就会被投资;如果投资带来的收益小于投资的成本,即该投资净利润小于零,那么该项目就不会被投资。因此,所有对于投资收益和投资成本会产生影响的因素都会对投资产生影响。一般来说,影响投资的主要因素包括:利息率、对投资项目的产品需求预期、产品成本、投资抵免税、投资风险、股票价格等。

利息率。假设投资项目的预期利润率不变,根据投资的条件,项目是否能够被投资就取决于利息率的高低。如果利息率上升,满足投资条件的项目就会减少,社会总体投资量相应地也会减少;如果利息率下降,满足投资条件的项目就会增加,社会总体的投资量相应地也会增加。因此,利息率和社会总投资呈反方向变动关系。

对投资项目的产品需求预期。企业在决定是否对某一项目进行投资时,首先会考虑未来该项目所生产的产品的市场需求情况,如果这种商品在未来受到市场欢迎,并且需求量大,这种商品不仅可以销售一空,还可以相应地提高价格,投资可以获得较高的净利润。如果未来市场不景气,则投资所生产的产品很可能会积压,净利润会减少。所以,如果企业预期所投资项目的产品的未来市场需求旺盛,投资就会增加。如果企业预期所投资项目的产品的未来市场需求减少,投资就会减少。

产品成本。一个项目是否进行投资还取决于该项目产品的成本。成本上升,投资所获得的净利润就会减少,所以成本上升时,投资减少;成本下降,投资所获得的净利润将会增加,所以成本下降时,投资就会增加。

投资抵免税。指企业如果将所得收入用于投资,则可以从企业应缴的所得税中扣除其投资总值的一定比例。投资具有抵税的作用,所以当投资抵免税率提高时,投资增加;投资抵免税率下降时,投资减少。对投资项目的产品需求预期、产品成本、投资抵免税这三个因素影响的都是投资预期收益。

投资风险。投资风险是指投资的结果具有不确定性。一般将投资者看作是风险规避者,风险大时投资减少,风险小时投资增加。

股票价格。股票价格会对投资产生影响的观点是由美国经济学家托宾提出的。托宾认为,拥有一家企业有两种方法,方法一是新建一家企业,方法二是收购一家已经存在的企业。具体使用哪种方法,就需要对两种方法进行比较。托宾用 q 来表示企业的市场价值与其重置成本的比值,其中企业的市场价值是指该企业的股票的市场价格的总额,它等于该企业的股票价格乘以该企业的股票数量。企业的重置成本是指新建一家企业所需要的全部花销。q 指标实际是对拥有企业的两种方式进行比较:当 q 小于 1 时,说明收购一家现存的企业比新建一家企业更经济,于是人们都会采用收购的方式拥有一家企业。在宏观经济学中,收购企业由于没有购买最终产品,所以不算投资,因此投资不会增加;相反,q 大于 1,说明新建企业比收购一家现存的企业经济,于是人们都会采用新建的方式拥有一家企业,在宏观经济学中,新建一家企业需要购买最红产品,算投资,因此投资会增加。q 理论说明:股票价格与投资呈同方向变动关系,股票价格上升,投资增加;股票价格下降,投资减少。

3. 投资函数及其表达

影响投资的因素有很多,可以将影响投资的因素划分为两类:利息率是一类,利息率以外的其他因素看作另外一类,称为其他因素。这样,影响投资的因素就被分为利息率和其他因素两类。在影响投资的众多因素当中,宏观经济学主要研究的是利息率与投资的关系。因此,投资函数被定义为:在一定的时期,在其他因素不变条件下,每一个利息率水平下所对应的投资数量。

投资函数有两种表达方式:图形表达和公式表达。企业是否要对某一项目进行投资,既取决于投资的预期利润率,也取决于投资的利息率。投资的预期利润率大于利息率,投资会获得净利润;投资的预期利润率小于利息率,投资不能获得净利润。在这里,预期利润率是指使所投资的资本品在未来使用期内获得各种预期收益的现值之和等于这项资本的供给价格或者重置成本的利息率。从社会总体看,有许多可以投资的项目,将这些项目按照预期理论率的高低进行排序,就得到了资本边际效率曲线,就是投资曲线。投资曲线是一条斜率为负的线,表示随着利息率的降低,投资增加。投资函数公式表示为:$I = e - d \cdot r$,其中 e 代表自主投资,即利息率为零时的投资量,自主投资由影响国民收入的其他因素所决定;d 代表利息率对于投资的影响系数。利息率和投资之间的关系为:在其他条件不变的情况下,利息率与投资之间呈反方向变动的关系,当利息率上升的时候,投资会减少;当利息率下降的时候,投资会增加。

4. 投资量的变动与投资的变动

根据引起因素的不同,可以将投资的变化分为投资量的变动和投资的变动。投资量的变动是指在其他因素不变情况下,由利息率变动所引起的投资的变化;投资的变动是指在利息率不变情况下,由其他因素发生变动而引起的投资的变化。之所以区分投资量的变动和投资的变动,是因为二者图形表现不同。在投资理论当中,纵轴代表利息率,横轴代表国民收入。由于纵轴代表利息率,所以由利率引起的国民收入的变化表现为在同一条投资曲线上点的移动,而由其他因素引起的投资的变化则表现为投资曲线的整体平移。

(三) IS 曲线

1. IS 曲线的公式推导

在 NI-AE 模型当中,投资被看作总需求中的一个外生变量。当投资不再被看作外生变量而是作为利息率的函数时,就可以从 NI-AE 模型推导出 IS

曲线。

在两部门三市场模型当中,国民收入需求量得到满足的条件是引致储蓄等于自发消费和投资的和,公式表示为：$\triangle S = \alpha + I$,将引致储蓄公式 $\triangle S = (1 - \beta) \cdot y$ 带入最终产品市场总需求得到满足的条件,得到公式 $\alpha + I = (1 - \beta) \cdot y$。对该公式进行化简,可以计算出使最终产品市场总需求得到满足的国民收入需求量。公式为：$y = (\alpha + I)/(1 - \beta)$,将投资公式投资函数 $I = e - d \cdot r$,代入上式,得到两部门三市场模型的 IS 曲线公式：

$$y = \frac{\alpha + e}{1 - \beta} - \frac{d}{1 - \beta} \cdot r$$

在三部门三市场模型当中,国民收入需求量得到满足的条件是引致储蓄与净税收的和等于自发消费、投资、政府采购的和,公式表示为：$\triangle S + NT = \alpha + I + G$,将引致储蓄公式 $\triangle S = (1 - \beta) \cdot y$ 带入最终产品市场总需求得到满足的条件,得到公式 $\alpha + I + G = (1 - \beta) \cdot y + NT$。对该公式进行化简,可以计算出使最终产品市场总需求得到满足的国民收入需求量。公式为：$y = (\alpha + I + G - \beta \cdot NT)/(1 - \beta)$,将投资公式投资函数 $I = e - d \cdot r$,代入上式,得到三部门三市场模型的 IS 曲线公式：

$$y = \frac{\alpha + e + G - \beta \cdot NT}{1 - \beta} - \frac{d}{1 - \beta} \cdot r$$

2. IS 曲线的图形

用横轴表示国民收入,纵轴表示利息率,在其他因素不变的条件下,每一个利息率都会对应一个使最终产品市场均衡的国民收入 y。将均衡国民收入 y 和利息率的组合点连接起来得到一条线,这条线就是 IS 曲线,其含义是:使最终产品市场均衡的国民收入和利息率组合的集合。IS 曲线是一条斜率为负的线,表明利息率高时,均衡国民收入水平低,利息率低时,均衡国民收入水平高。

3. IS 曲线的移动

当投资被看作利息率的函数时,影响国民收入需求量的因素包括:自发消费 α、边际消费倾向 β、自主投资 e、利息率对于投资的影响系数 d、利息率 r、政府采购 GP、净税收 NT。将这些因素分为两类:一类是利息率,一类是利息率之外的其他因素。由于坐标轴纵轴代表利息率,所以利息率发生变动所导致的国民收入的变化表现为在 IS 曲线上点的移动。而利息率之外的其他因素发生变动,只能表现为投资曲线的整体平移。

(四) 货币市场均衡和 LM 曲线

在 NI-AE 模型中,均衡是由最终产品市场的总需求和总供给共同决定的,但在将投资看作利息率的函数后,IS 曲线上的所有利息率和国民收入组合都可以实现最终产品市场的均衡。要在 IS 曲线的众多国民收入和利息率组合当中确定一个点,这就需要寻找另外一个力量,为此,宏观经济学引入了货币市场。

1. 货币的本质

马克思主义货币学说指出货币体现着商品生产者之间的社会生产关系,从而阐明了货币的起源和本质。货币是交换的产物,当交换发展到一定阶段的时候,一种广为接受的特殊商品会从商品世界当中分离出来,固定地充当交易中介,这种特殊的商品就是一般等价物。在不同的历史阶段,充当一般等价物的商品不同,货币就是一般等价物的高级阶段。

同时,马克思认为,货币具有五种货币职能,即价值尺度职能、流通手段职能、贮藏手段职能、支付手段职能和世界货币职能。在这五种货币职能当中,价值尺度和流通手段是货币的基本职能,后三种职能是随着商品经济的发展,从货币基本职能中派生出来的。

在宏观经济学当中,货币特指货币的流通手段职能。按照流动性的大小,宏观经济学中的货币可以分为 M0,M1 和 M2。M0 指流通中的现金。M1 是在 M0 的基础上,加上企业的活期存款和个人的活期存款等。M2 是在 M1 的基础上,加上企业和个人的定期存款等。M0 的流动性最强,M2 的流动性最差。宏观经济学中的货币主要指的是 M1。

2. 货币的需求

在凯恩斯看来,货币是财富的一种存在形式。以货币形式持有财富的好处是方便,能够随时用货币购买自己需要的商品。但是,以货币的形式持有财富也有缺点,即不能带来收益。如果将货币以债券或者股票的形式借予他人,会得到利息或者股息作为让渡货币使用权的报酬,而以货币形式持有财富,虽然有交换的便利性,但不能使已有的财富得到增值。所以,用机会成本的概念予以分析,以货币形式持有财富是有代价的,代价就是与其等值的其他资产在相同时间内所获得的收益。

持有货币是有机会成本的,那么人们为什么还会以货币这种形式持有财富呢? 凯恩斯将人们以货币这种形式持有财富的原因归纳为三种动机,分别是交易动机、预防动机和投机动机。

交易动机是人们出于进行正常交易活动的动机,以货币形式持有一部分财富,这主要是因为获得收入的时间和支出的时间是不同步的。例如,工资是在工资日发放,消费则是每天都在进行,因此人们获得收入后,会将部分工资以货币的形式持有,来支付日常的开支。人们出于交易动机所持有的货币量取决于消费的水平,而在宏观经济学中,消费和收入呈同方向变动。所以,出于交易动机的货币需求量主要取决于收入水平的高低。收入越高,消费水平就越高,从而为支付日常开支所需要的货币量也就越大;收入越低,消费水平就越低,从而为支付日常开支所需要的货币量也就越少。也就是说,出于交易动机对于货币的需求量与国民收入呈同方向变动。

预防动机指人们需要货币是为了预防经济生活中预料之外的支出。如个人和企业为应付事故、失业、疾病等意外事件,而需要事先持有一定数量的货币。因此,如果说货币的交易动机源于收入和支出之间缺乏同步性,那么货币的预防动机则源于未来收入和支出之间的不确定性。西方经济学家认为,个人对于货币的预防性需求的数量,主要取决于他对意外事件的看法,但从全社会来看,这一货币需求量大体上也和收入成正比,是收入的正函数。

投机动机指人们为了抓住购买资产的有利机会,而以货币形式持有一部分财富。当利息率较高,人们预计利息率会下降的时候,就会用货币买进有价证券,从而在未来一段时间内获得高利息。当利息率较低,人们预计利息率会上升时,就会持有货币,等利息率上升后再去购买有价证券。这种由于预期利息率上升而把货币保留在手中的动机,就是投机动机。由此可见,出于投机动机对于货币的需求与利息率有关。利息率越高,预期利息率上升的人越少,而预期利息率下降的人越多,更多的人会为了获得高利息用货币购买有价证券,从而货币需求量就越小。当利息率极高时,所有人都会预测利息率将下降,都会用货币购买有价证券,出于投机动机的货币需求量几乎等于零;利息率越低,预期利息率下降的人越少,而预期利息率上升的人越多,为了防止货币使用权低价让渡,更多的人会将货币留在手中,从而造成货币需求量变大。当利率极低时,所有人会认为利息率将要上升,因此会将所持有的有价证券全部换成货币,即使有了货币,也绝不肯再去购买有价证券。以免正确价格下跌时遭受损失。不管有多少货币,人们都愿意将其保持在手中的情况,被称为流动性陷阱或凯恩斯陷阱。一般情况下,流动性陷阱往往出现在利率水平处于社会公认的最低点时。

出于交易动机和谨慎动机对于货币的需求都与国民收入有关系。所以称出于这两种动机对于货币的需求为第一种货币需求。公式表示为:$L_1 = K \cdot y$,其中 K 表示出于上述两种动机所需要的货币量同国民收入的比例关系;出于投机动机对于货币的需求为第二种货币需求,公式表示为 $L_2 = -h \cdot r$,货币总需求等于两种货币需求的和,表示为:$L_1 = K \cdot y - h \cdot r$。

在现实生活中,人们既不会全部以货币形式拥有财富,也不会全部以非货币的其他资产形式来拥有财富。人们必须决定以何种形式来拥有财富,如果以货币形式拥有财富的比例越大,以其他形式拥有财富的比例就越小;以货币形式拥有财富的比例越小,以其他形式拥有财富的比例就越大。出于实际需要和利益的考虑,人们必须仔细权衡以货币形式保存财富的成本,从而在货币形式和其他资产形式之间保持适当的比例。

3.货币供给

货币供给是一个存量概念,它是一个国家在某一时点上所保持的所有硬币、纸币和银行存款的总和。根据流动性的强弱,货币供应量被划分为三个不同的层次,即 M0、M1、M2。在我国的货币系统中,流通中的现金流动性最强,被称为 M0;M0 和企事业单位活期存款称为 M1,流动性比 M0 差些;M1、企事业单位定期存款、居民储蓄存款及其他被称为 M2,流动性最差。在宏观经济学分析中,将货币供给量限定在 M1 上。货币供给量是由国家通过货币政策来调节的,因而是一个外生变量,其大小与利率高低无关。

4.货币市场均衡

当货币需求和货币供给相等时,货币市场处于均衡状态。实际上,货币供给量由货币当局控制,因而货币供给量是外生给定的,在货币供给不变的条件下,货币市场的均衡只能通过调节货币需求来实现。也就是说,出于交易动机和预防动机的第一种货币需求和出于投机动机的第二种货币需求之间存在互补关系,满足第一种货币需求的货币供给增加,满足第二种货币需求的货币供给就会减少。相反,满足第一种货币需求的货币供给减少,满足第二种货币需求的货币供给就会增加。

5.LM 曲线

在货币市场,货币需求分为第一种货币需求 L_1 和第二种货币需求 L_2,公式表示为:$L = L_1 + L_2$。与之相对应,货币供给也分为两部分,第一种货币供给 m_1 和第二种货币需求 m_2,公式表示为:$m = m_1 + m_2$。对于两种货币需求,家庭部门总是先保证第一种货币需求,所以,第一种货币需求和第一种货币供给始终相等,即 $L_1 = m_1$,所以货币市场的均衡取决于第二种货币需求和第二种货币供给。

第二种货币供给是货币供给满足第一种货币需求后的剩余部分,公式表达为:$m_2 = m - L_1$,或者表达为 $m_2 = m - K \cdot y$,第二种货币供给与国民收入呈反方向变动关系

用纵轴表示利息率,横轴表示货币需求,第二种货币需求曲线是一条斜率为负的线,表示第二种货币需求与利息率呈反方向变动。

短期内,第二种货币需求不变,货币市场均衡就取决于第二种货币供给的大小,国民收入 y 高,第一种货币供给多,第二种货币供给少,利息率高;国民收入 y 低,第一种货币供给少,第二种货币供给多,利息率高,利息率是国民收入的函数,公式表示为:

$$r = \frac{K \cdot y}{h} - \frac{m}{h}$$

每一个国民收入都会对应一个使货币市场均衡的利息率。将这些国民收入和利息率的组合点连接起来得到一条线,这条线就是 LM 曲线。LM 曲线代表的是使货币市场均衡的国民收入和利息率的关系。

由 LM 曲线公式 $r = f(k, h, m, y)$ 可知,在货币市场上,影响利息率的因素除国民收入,还包括国民收入对第一种货币需求的影响系数 K、第二种货币需求对利息率低影响系数 h,以及货币供给量 m。将影响利息率低因素分为两类:国民收入和国民收入之外的其他因素。由国民收入 y 引起的利息率的变化表现为在同一条 LM 曲线上点的移动,由其他因素引起的利息率的变化表现为 LM 曲线的上下平移。

(五)IS-LM 均衡

1. 两个市场同时均衡的决定

在 NI-AE 模型中,均衡是由最终产品市场的总需求和总供给共同决定

的,但将投资看作利息率的函数后,IS 曲线上的所有利息率和国民收入组合都可以实现最终产品市场的均衡。也就是说,均衡国民收入就不再是一个确定的值,而随利息率的变化而变化。此时,均衡国民收入的确定是最终产品市场所不能单独完成的,需要寻找另外一个力量,为此,宏观经济学引入了货币市场。LM 曲线是使货币市场均衡的国民收入与利息率组合的集合,在 LM 曲线上,国民收入与利息率呈同方向变动。

　　IS 曲线和 LM 曲线是方向相反的两个力量,当这两个力量力量相当、相对静止、不再变动时,表明最终产品市场与货币市场同时达到均衡。此时的国民收入是使两个市场同时均衡的国民收入,此时的利率是均衡利息率。

　　2. IS 曲线、LM 曲线变动对均衡的影响。

　　在最终产品市场中,国民收入 y 除受利息率影响,还受自发消费 α、边际消费倾向 β、自主投资 e、利息率对于投资的影响系数 d、政府采购 GP、净税收 NT、出口 X 等因素的影响,称这些因素为影响国民收入的其他因素。利息率引起的国民收入变化表现为 IS 曲线上点的移动,其他因素引起的国民收入变化表现为 IS 曲线的平移。

　　在货币市场当中,利息率除受国民收入影响,还受国民收入对第一种货币需求的影响系数 K、第二种货币需求对利息率低影响系数 h,以及名义货币供给量 m 的影响,称这些因素为影响利息率的其他因素。国民收入引起利息率低变化表现为 LM 曲线上点的移动,其他因素引起的利息率低变化表现为 LM 曲线的平移。

　　在影响国民收入的其他因素和影响利息率的其他因素保持不变时,两个市场同时均衡的均衡国民收入和均衡利息率唯一确定。一旦其他因素发生变化,均衡国民收入和均衡利息率相应变化,详情见表 7-1:

表 7-1　均衡国民收入和均衡利息率变化情况

IS 曲线	LM 曲线	均衡国民收入	均衡利息率
左移	不变	减少	下降
右移	不变	增加	上升
不变	上移	减少	上升
不变	下移	增加	下降
左移	上移	减少	无法确定
左移	下移	无法确定	下降
右移	上移	无法确定	上升
右移	下移	增加	无法确定

3.财政政策和货币政策

财政政策是 IS 曲线移动对均衡影响的应用。财政政策工具主要有两个,一个是政府采购,一个是净税收。政府采购和净税收是最终产品市场当中影响国民收入水平的其他因素,它们的变化会导致 IS 曲线的移动,具体情况为:政府采购增加,IS 曲线右移;政府采购减少,IS 曲线左移;净税收增加,IS 曲线左移;净税收减少,IS 曲线右移。

另外,结合 NI-AE 模型,还可以推算出政府采购和净税收是 IS 曲线移动的程度。在固定税的情况下,政府采购乘数为 $1/(1-\beta)$,所以国民收入增加量为 $GP/(1-\beta)$;净税收乘数为 $\beta/(1-\beta)$,所以国民收入增加量为 $\beta \cdot NT/(1-\beta)$;

在 LM 曲线不变的情况下,IS 曲线右移会导致货币市场上利息率提高,而利息率的提高会导致原有可以投资的私人项目停止投资,这种现象被称为挤出效应。挤出效应是增加政府投资对私人投资产生的挤占效应,从而导致增加政府投资所增加的国民收入可能因为私人投资减少而被全部或部分抵消。同理,IS 曲线左移会导致货币市场上利息率降低,而利息率的降低会使原来不符合投资条件的私人项目符合投资条件,从而使减少政府投资所减少的国民收入可能因为私人投资增加而被部分地抵消。

货币政策是 LM 曲线移动对均衡影响的应用。货币政策的主要工具货币供应量。货币供给量是货币市场当中影响利息率水平的其他因素,货币供给量的变化会导致 LM 曲线的移动,具体情况为:货币供给增加,LM曲线下移;货币供给减少,LM 曲线上移。

在 IS 曲线不变的情况下,LM 曲线下移会导致货币市场上利息率下降,而利息率的下降会使原来不符合投资条件的私人项目符合投资条件,导致国民收入水平的提高,而国民收入水平的提高会部分抵消掉货币供给增加所导致的利息率下降的程度。同理,LM 曲线上移会导致货币市场上利息率提高,而利息率的提高会使原有可以投资的私人项目停止投资,从而导致国民收入水平的下降,而国民收入水平的下降会部分抵消掉货币供给减少所导致的利息率上升的程度。

(六) AD 曲线

在学习宏观经济学之前,学生已经学习过微观经济学,所以,在宏观经济学教学过程中,可以用微观经济学学过的一些推导范式来引导宏观经济学相关理论的学习。AD 曲线和 IS-LM 均衡的关系,就类似于微观经济学消费者行为理论中单个消费者需求曲线和消费者均衡之间的关系。所以可以通过对单个消费者需求曲线和消费者均衡之间的关系的回顾,来引导AD 曲线的学习。

1. 微观经济学单个消费者需求曲线的推导过程

消费者在效用和约束之间寻找均衡。效用表现为无差异曲线,消费者效用给定意味着给定一个由该消费者的无数条无差异曲线所构成的无差异曲线簇;约束表现为预算线,在收入和两商品的价格给定的条件下,该消费者的预算线唯一确定。预算线只能和无数条无差异曲线中的一条相切，切点即为消费者均衡点，意味着消费者在预算约束下，实现了效用最大化。

在效用和约束给定的条件下，消费者均衡点唯一确定，但效用和约束发生变化，消费者均衡点将发生变化。在其他条件均保持不变的条件下，改变一种商品的价格，该商品价格的变化会使消费者效用最大化的均衡的位置发生移动，并由此可以得到价格—消费曲线。价格—消费曲线是在消费者的偏好、收入以及其他商品价格不变的条件下，与某一种商品的不同价格水平相联系的消费者效用最大化的均衡点的轨迹。

价格—消费曲线反映了商品价格水平与该商品需求量之间存在着一一对应关系，把这种一一对应的商品价格和商品需求量的组合描述在相应的平面坐标图中，便可以得到单个消费者对于该商品的需求曲线。

可以将单个消费者需求曲线的推导过程分为三步：消费者均衡的推导、价格消费曲线的推导、单个消费者需求曲线的推导。

2. 名义货币供给量和实际货币供给量

名义货币供给是指一定时点上，不考虑物价因素影响的货币存量；实际货币供给是指剔除物价影响之后的一定时点上的货币存量。名义货币供给记作 M，实际货币供给为记作 m，二者关系为，实际货币供给量等于名义货币供给量除以价格水平，公式表示为 $m = M/P$。

在 NI–AE 模型和 IS–LM 模型中，由于假设价格水平不变，所以货币供给量是指实际货币供给量 m。而 AD–AS 模型中主要研究的是价格水平和均衡国民收入都关系，需要考虑价格因素，所以，在 AD–AS 模型中，货币供给量是指名义货币供给量。

3. 价格水平变动对于 LM 曲线和 IS 曲线的影响

在将实际货币供给量看作是名义货币供给量和价格水平之比后，影响利息率的其他因素就转变为:国民收入对第一种货币需求的影响系数 K、第二种货币需求对利息率低影响系数 h、名义货币供给量 M,以及价格水平 P。

在价格水平以外的其他条件不变的情况下,价格水平上升,人们需要更多的货币来购买和以前同样多的产品和服务,这将导致利息率上升,表现为 LM 曲线上移;相反,价格水平下降,人们需要的用来购买产品和服务的货币将减少,这将导致利息率下降,表现为 LM 曲线下移。在宏观经济学中,一般将价格水平变动引起利率同方向变动,叫作利率效应,利率效应影响 LM 曲线。

价格水平变动除影响 LM 曲线,也会对 IS 曲线产生影响。价格水平变动会使人们所持有的货币的实际购买力及其他以货币计价的资产的实际价值提高或者降低,人们会变得相对富有或贫穷,于是人们的消费水平就相应增加或减少,这种效应称实际余额效应或财富效应。另外,价格水平上升,会使人们的名义收入增加,名义收入增加意味着人们进入更高的纳税档次,会使人们的税负增加,从而使可支配收入下降,进而使人们的消费水平下降。

为方便研究,宏观经济学假定决定 IS 曲线的变量为实际变量,而不是随着价格水平变化而变动的名义变量,在这一假定条件下,价格水平的变化对 IS 曲线的位置没有影响。

4. 总需求曲线的推导

在其他因素不变的条件下,改变价格水平。随着价格水平的改变,LM 曲线发生移动,并与 IS 曲线形成许多交点,每一个交点都标志着在不同的价格水平下,使两个市场同时均衡的国民收入和利息率组合的集合。

由此可知,价格水平和均衡国民收入之间存在函数关系。需要注意的是在 NI-AE 模型和 IS-LM 模型中,考察的背景和条件是经济萧条时的情况。经济萧条时,主要问题在于需求不足、供给过剩,所以,总需求水平能够达到多高,总供给就会达到多高。所以,在 NI-AE 模型和 IS-LM 模型当中,均衡的国民收入代表的就是总需求量。所以价格水平和均衡国民收入之间的关系就是价格水平和总需求之间的关系,称为总需求曲线。总需求曲线反映社会的需求总量和价格水平之间的反向运动关系。总需求曲线是向右下方倾斜的。这表示,价格水平越高,需求总量就越小;价格水平越低,需求总量就越大。

5. 总需求量的变化与总需求的变化

总需求除了受价格水平影响,其他所有可以使 IS 曲线或 LM 曲线移动的因素都会导致总需求的变化。由价格水平变化引起的总需求的变化称为总需求量的变化,表现为在同一条总需求曲线上点的移动;由价格以外因素引起的总需求的变化称为总需求的变化,表现为总需求曲线的左右平移。

四、AS 曲线

(一)短期生产函数

微观经济学在介绍生产理论的时候分了两种情况:短期和长期,划分短期和长期的标准不是时间的长短,而是根据所投入的生产要素能否发生变化进行的划分。如果全部要素都能发生变化,这种情况就是长期;如果所投入的生产要素当中,有一种或一种以上要素不能发生变化,这种情况就是短期。经济学家将生产要素分为四类:劳动、资本、土地、企业家才能。

所以生产函数可以表示为：$q = f(L, K, N, E)$，其中 q 代表产量，L, K, N, E 分别代表劳动、资本、土地、企业家才能。又因为土地和企业家才能具有偶然性，所以生产函数主要研究劳动、资本与产量的关系，所以生产函数可写为：$q = f(L, K)$。相比较来说，劳动投入量比资本投入量容易变动，所以短期内往往将资本看作不变要素，将劳动看作可变要素，所以短期生产函数表示为 $q = f(L)$。长期内，劳动和资本都可以发生变化，所以长期生产函数写为：$q = f(L, K)$。

在宏观经济学教材中，对于长期和短期有两种含义：一是将经济增长的时间看作长期，而将经济波动的时间看作短期，或者说，经济增长涉及长期，经济波动涉及短期；二是在经济波动的条件下区分长期和短期，这主要涉及总供给曲线的斜率。

笔者认为，借助微观经济学划分短期和长期的方法，对宏观经济学生产函数进行划分更具有逻辑性。在宏观经济学中，生产函数表现为 $y = AF(N, K)$，其中 y 代表总产出，N 代表劳动力投入量，K 代表资本投入量，A 代表经济的技术水平，被称为全要素生产率。需要注意的是，微观经济学和宏观经济学在表示劳动投入量时使用了不同的符号，微观经济学用 L 代表劳动投入量，宏观经济学用 N 代表劳动投入量。受微观经济学关于生产理论划分方法的启示，可以将宏观经济学的生产理论也分为短期和长期。将资本和劳动都可以变化的情况看作长期；将资本不可以变化，只有劳动可以变化的情况视为短期。短期生产函数的表达式为：$y = AF(N)$，长期生产函数的表达式为：$y = AF(N, K)$，短期生产函数属于经济波动理论，长期生产函数属于经济增长理论

由短期生产函数 $y = AF(N)$ 可知，总供给受劳动力投入量的影响，并与劳动力投入量呈同方向变动关系。而劳动力投入量的多少是在劳动力市场当中，由劳动力需求和劳动力供给决定的。

（二）劳动力市场均衡

劳动力市场存在两个力量，劳动力需求和劳动力供给。劳动力需求是在每一个工资水平上，厂商对于劳动力的需求量。它反映的是劳动需求量与工资水平的关系。公式表示为 $N_d = f(W)$ ，其中 N_d 代表劳动需求量，W代表工资水平。劳动力需求量和价格水平呈反方向变动关系，工资水平高，劳动力需求量少；工资水平低，劳动力需求量多。

劳动供给曲线反映的是在每一个工资水平上劳动力的供给量。公式表示为 $N_s = f(W)$ ，其中 N_s 代表劳动力供给量，W代表工资水平。

劳动力供给曲线由三段线段组成，依次为平行于横轴阶段、斜率为正阶段和垂直于横轴阶段。

劳动力供给曲线平行于横轴阶段的起点为劳动力投入量等于零，终点是在现有工资水平下劳动力人口数量，其含义是在现有工资水平下，劳动力供给量可以是现有劳动力人口数量内的任何数量。

劳动力供给曲线斜率为正阶段的起点是现有工资水平下劳动力人口数量，终点是劳动年龄人口数量。其含义是当达到现有工资水平下劳动力供给的最大量后，要想使劳动供给量进一步增加，只有通过提高工资水平才能将非劳动力人口转化为劳动力人口。随着工资水平的提高，越来越多的非劳动力人口转化为劳动力人口，当劳动力人口等于劳动年龄人口时，即所有具备劳动能力的人都已成为劳动力人口时，劳动力供给量达到最大值。

劳动力人口达到上限后，即劳动力人口等于劳动年龄人口后，工资水平上升也不能使劳动力供给量增加。劳动供给曲线表现为一条垂直于横轴的线。

劳动力需求和劳动力供给是方向相反的两个力量，用横轴代表劳动力数量，纵轴代表工资水平，将劳动力需求曲线和劳动力供给曲线画在同一坐标轴内,两条曲线总会交于一点,该点即为劳动力市场均衡点。此时的工资水平为均衡工资,此时的劳动力数量为均衡劳动力数量。

(三) 价格变动对劳动力市场均衡的影响

劳动力需求量除受工资因素影响,还受其他因素影响。由工资水平变化所引起劳动力需求数量的变化称为劳动力需求量的变动,表现为在同一条劳动力需求曲线上点的移动;而由其他因素引起的劳动力需求量的变化称为劳动力需求的变动,表现为劳动力需求曲线的左右平移。

同样,劳动力供给量除受工资因素影响,还受到其他因素的影响。由工资水平变化所引起劳动力供给数量的变化称为劳动力供给量的变动,表现为在同一条劳动力需求曲线上点的移动;而由其他因素引起的劳动力供给量的变化称为劳动力供给的变动,表现为劳动力供给曲线的左右平移。

价格水平属于影响劳动力需求的其他因素,价格水平上升,劳动需求曲线向右移动;价格水平降低,劳动需求曲线向左移动。

凯恩斯认为,由于人们具有"货币幻觉",所以价格水平的变动对劳动力供给曲线不产生影响。所谓货币幻觉,是指人们只看到货币的票面数值而不注意货币的实际购买力,他们会抵抗价格水平不变情况下的货币工资下降,却不抵抗工资水平不变情况下价格水平的提高。尽管这两种情况都会造成实际工资的下降,然而,由于"货币幻觉"的存在,他们会对相同的后果采取截然不同的态度。

综上所述,当价格水平上升时,劳动力需求曲线向右平移,劳动力供给曲线不变,劳动力市场均衡工资水平上升,均衡劳动力数量也上升。当价格水平下降时,劳动力需求曲线向左平移,出于工资刚性的原因,劳动力供给曲线处于水平阶段,所以,均衡工资水平不变,均衡劳动供给量下降。

(四) 总供给曲线的推导

总供给曲线(AS曲线)反映的是价格水平与总产量之间的关系,即在某种价格水平时,整个社会的厂商所愿意供给的产品总量是多少。根据短期生产函数 $y = AF(N)$,总供给受劳动力均衡数量的影响。

在劳动力市场中,价格水平上升,劳动力需求曲线右移,劳动力供给曲线不变。在劳动力供给曲线平行于横轴阶段,劳动需求曲线的右移导致均衡工资水平不变,均衡劳动力数量增加,与之相对应,总供给增加。在劳动力供给曲线斜率为正阶段,劳动需求曲线右移导致,均衡工资水平上升均衡劳动力数量增加,但均衡劳动力增加幅度小于上一阶段,与之相对应,总供给增加,但增加幅度小于上一阶段。在劳动力供给曲线垂直于横轴阶段,均衡工资水平上升,均衡劳动力数量不变,与之相对应,总供给不再增加。

由此可知,价格水平和总供给呈同方向变动关系,用横轴代表总供给,纵轴代表价格水平,总供给曲线是一条先减速上升,后加速上升,最后垂直于横轴的曲线。

五、经济增长模型

劳动力供给曲线由三段线段组成,依次为平行于横轴阶段、斜率为正阶段和垂直于横轴阶段。其中第三阶段,即劳动供给曲线垂直于横轴阶段,其含义是劳动力人口达到上限,工资水平上升再也不能使劳动力供给量增加。由于短期总供给曲线是劳动力数量的函数,所以短期总供给也不再增加。这一总供给量代表了短期内总供给的上限。

在短期内总供给是有上限的,但长期内总供给的上限是可以发生变化的。经济增长模型就是对长期总供给曲线上限变化的描述。

索洛模型是美国麻省理工学院诺贝尔奖获得者罗伯特·索洛在 20 世

纪 50 年代末开发的著名经济增长模型,该模型已成为大多数后续增长研究的基本框架。对于储蓄在经济发展中的作用,可以用索洛模型予以描述。

(一)人均生产函数

在不考虑技术进步的情况下,生产函数可以表示为:$Y = F(N,K)$,其中 K 代表经济体中可用的总资本存量,N 代表经济体中可用的总劳动力数量,Y 代表总产出,总产出 Y 是资本 K 和劳动力 N 的函数,因为资本 K 和劳动 N 均随时间变化而变化,所以总产出 Y 也随时间的变化而变化。

在索洛模型中,因为假设经济体中人口和劳动力都在增长,所以关注每个工人的人均产出、人均消费和人均资本存量比关注总产量、总消费和总资本存量更加方便。所以,首先要根据总生产函数推导人均生产函数。在推导人均生产函数时,索洛做了一个假设,即生产的规模报酬不变。所谓规模报酬不变,是指在技术水平和要素价格不变的条件下,产量增加的比例等于各种生产要素增加的比例,比如,厂商的要素投入增加 100%,产量的增加量也是 100%。由于生产规模报酬不变,所以要素投入量同时增加 a 倍,产量也增加 a 倍,即 $aY = F(aN,aK)$。当 $a = 1/N$ 时,生产函数可写为 $Y/N = F(1,K/N)$。用 y 表示 Y/N,其含义是人均产量,用 k 表示 K/N,其含义是人均资本,则生产函数可表达为 $y = f(k)$,其中 $f(k) = F(1, k)$,这个式子是人均生产函数,由该式可知,人均产出是人均资本存量的函数。

用横轴表示人均资本存量 k,用纵轴表示人均产出 y。由于人均资本存量的增加可以使每个工人生产出更多的产出,所以人均生产函数曲线从左下到右上倾斜,即人均产出随人均资本存量的增加而增加。另外,由于边际产量递减规律的存在,随着人均资本的增加,每单位人均资本所带来的产出会减少,所以,人均生产函数曲线表现为一条减速上升的曲线。人均生产函数反映了人均资本和人均产出的关系。

(二)人均储蓄

人均产出用于两个用途,一是增加消费,一是增加储蓄。在宏观经济学中,增加的消费量占产出增加的比例为边际消费倾向,增加的储蓄占产出增加量的比例为边际储蓄倾向。短期内边际消费倾向和边际储蓄倾向是不变的,而且二者是互补关系。边际消费倾向用 β 表示,边际储蓄倾向用 $(1-\beta)$ 表示。储蓄为 $(1-\beta)\cdot f(k)$,消费表现为 $\beta\cdot f(k)$ 或者 $y-(1-\beta)\cdot f(k)$,后式表明经济产出中没有储蓄的部分用于消费被消耗掉了。

(三)临界投资

一般来说,资本存量受两种因素的影响:投资和折旧。投资是指新增加的国民产出中用于形成新的资本的部分,投资使资本积累增加;折旧是指企业在生产经营过程中使用固定资产而使其损耗导致价值减少仅余一定残值,折旧使资本存量减少。

假定折旧是资本存量的一个固定比例,人口增长率为 n。可以用表达式 $(n+\delta)\cdot k$ 来表示"临界的"或者"必要的"投资。"临界的"或者"必要的"投资的含义是使人均资本保持不变所需要的必需投资。其中 $\delta\cdot k$ 项的含义是,为了阻止人均资本 k 下降所需要的来抵消折旧的投资部分。在人均资本保持不变的条件下,还需要部分投资来满足新增劳动力对于资本的需求。劳动数量以 n 的速率增长,而这部分劳动力也需要获得资本,使新增劳动力获得人均资本的投资部分就是 n·k 项。因此,资本量必须以 $(n+\delta)$ 的速度增长,以维持人均资本存量 k 不变。人均资本变化量等于人均储蓄减去 $(n+\delta)\cdot k$ 项。

（四）稳态

稳态是指人均资本存量及人均国民收入不再发生变化的状态，它取决于储蓄和临界投资两种力量。

储蓄小于临界投资，意味着折旧或新增劳动力对于资本的需求无法得到有效的补充，这将导致人均资本存量下降。储蓄大于临界投资，意味着储蓄在补充折旧或新增劳动力对于资本的需求后还有剩余，剩余的储蓄可以用于提高人均资本存量，这将导致人均资本存量上升。储蓄等于临界投资意味着储蓄正好补充折旧或新增劳动力对于资本的需求，人均资本存量不再变动。

用横轴表示人均资本量 k，用纵轴表示人均储蓄（人均国民收入）。人均生产函数曲线表现为一条减速上升的曲线，而边际储蓄倾向保持不变，所以，人均储蓄函数也是一条减速上升的曲线。临界投资的表达式为 $(n+\delta) \cdot k$，其图形是一条原点出发，斜率为 $(n+\delta)$ 的射线。储蓄曲线减速增加，并与临界投资曲线相交，交点即为稳态点。

（五）长期生活水平的基本决定因素

根据索洛模型，从长远来看，稳态状态下人均消费水平决定了一个经济体中普通人的富裕程度和长期幸福感。在储蓄率、折旧率、人口增长率保持不变的情况下，均衡国民收入和均衡人均资本存量唯一确定。如果储蓄率、折旧率、人口增长率发生变化，均衡国民收入和均衡人均资本存量也会发生变化。

从长远来看，较高的储蓄率意味着较高的生活水平。假设经济体的初始储蓄率为 $(1-\beta_1)$，则每个工人的储蓄率为 $(1-\beta_1) \cdot f(k)$。储蓄率为 si 时的储蓄曲线标记为"每个工人的初始储蓄"，初始稳态资本劳动比 kt 是初始储蓄曲线与投资线相交时的资本劳动比（A 点）。

六、AD-AS 模型

(一) 总需求总供给均衡

前面已经推导出了总需求曲线和总供给曲线,总需求曲线和总供给曲线的方向是相反的,将总需求曲线和总供给曲线画到同一坐标轴内,二者必然交于一点,该点代表总需求和总供给处于力量相等、相对静止、不再变动的状态,该点被称为总需求总供给均衡点,该点所对应的价格水平就是均衡价格水平,该点所对应的国民收入数量就是均衡国民收入数量。

在总需求和总供给不变的情况下,总需求总供给均衡点唯一确定。若总需求和总供给发生改变,总需求总供给均衡点也会发生改变。与总供给曲线三个阶段相对应,总需求总供给模型的均衡基本可以分为三种情况,分别为:凯恩斯情况、一般情况和古典情况。

凯恩斯情况下的总需求总供给模型也被叫作萧条模型。在凯恩斯情况下,总供给曲线平缓上升,这代表着总供给对于价格比较敏感,供给量的相对变化程度大于价格的相对变化程度。凯恩斯情况下的总需求总供给模型适用于经济萧条的情况。在经济萧条的情况下,总供给大于总需求,经济中的均衡产量水平主要由总需求来决定。也就是说,总需求曲线的变动是影响均衡产量的基本原因。

在一般情况的总需求总供给模型中,总供给曲线是一条向右上方倾斜的线,其斜率为正值。一般情况的总需求总供给模型应用于一般的经济情况。它表明,总需求和总供给对于均衡价格和均衡国民收入的决定同等重要,总需求和总供给的变化都会通过总需求曲线或总供给曲线的移动,来改变总产量水平和一般价格水平。

　　古典情况的总需求总供给模型适用于一国的经济已经达到了劳动供给最大值的情况。在古典情况的总需求总供给模型中,总供给曲线是一条垂直的线,由于再没有人可以转变为劳动力,所以总需求水平的变动只会影响到物价水平,而不会影响到总产量水平。

(二)菲利普斯曲线

1. 菲利普斯曲线的三种表达方式

　　菲利普斯曲线最初表达的是失业率和货币工资变化率之间的关系。1958 年,新西兰经济学家 A. W. 菲利普斯最先提出一种表达失业率和货币工资变化率之间逆向变动关系的曲线。这一曲线被称为菲利普斯曲线。菲利普斯曲线表明:失业和货币工资呈反方向变动。当失业率上升时,货币工资增长率就趋于下降;当失业率下降时,货币工资增长率趋于提高。

　　1960 年,美国经济学家索罗和萨缪尔森发表论文《达到并维持稳定的价格水平问题:反通货膨胀政策的分析》,提出了将"失业-工资"菲利普斯曲线修改为"失业-物价"菲利普斯曲线。在"失业-物价"菲利普斯曲线中,工资率的上升被通货膨胀率替代,从而使菲利普斯曲线可以用来表示失业率与物价上涨率之间的关系。"失业-物价"菲利普斯曲线的表现形式与"失业—工资"菲利普斯曲线的表现形式相同,只是纵轴由代表货币工资率改为代表通货膨胀率。以物价上涨率代替货币工资变化率,被认为是菲利普斯曲线的一个重要发展。"失业-物价"菲利普斯曲线表明:失业率和通货膨胀率呈反方向变动。这为政府的"相机抉择"提供了理论依据,因为失业率和通货膨胀率之间存在着交替关系,政府可以通过高通货膨胀率来换取低失业率通,或者通过高失业率来换取低通货膨胀率。

　　后来,菲利普斯曲线进一步被引申为"产出-物价"菲利普斯曲线。这是在"失业-物价"菲利普斯曲线的基础上,进一步用经济增长率代替失业率得到的。之所以可以用经济增长率代替失业率是因为奥肯定律。奥肯定律描述了 GDP 变化与失业率变化之间存在一种相当稳定的关系,即 GDP 每增加 1%,失业率大约下降 0.5%。当用经济增长率代替了失业率后,"产出-物价"菲利普斯曲线就可以用来表明经济增长率和通货膨胀率之间的关系。"产出-物价"菲利普斯曲线的表现形式与前两种菲利普斯曲线的表现形式不同,由于经济增长率和失业率呈反方向变动,而"产出-物价"菲利普斯曲线用经济增长率代替了失业率,所以,"产出-物价"菲利普斯曲线是一条斜率为正的曲线,表明经济增长率与通货膨胀率之间呈同方向变动。

2. 菲利普斯曲线与 AD-AS 模型的关系

菲利普斯曲线的第三种形式可以看作 AD-AS 均衡点的移动轨迹。

在 AD-AS 模型中,总需求曲线和总供给曲线决定均衡国民收入水平和均衡物价水平。在总需求曲线和总供给曲线不变的情况下,均衡机制使均衡国民收入水平和均衡物价水平唯一确定,当总需求曲线和总供给曲线发生移动时,均衡国民收入水平和均衡物价水平随之发生变化。

在总供给曲线不变的情况下,总需求增加,总需求曲线向右移动,均衡国民收入水平增加,均衡物价水平提高,在菲利普斯曲线中表现为:经济增长率和通货膨胀率组合点向右上方移动。

在总供给曲线不变的情况下,总需求减少,总需求曲线向左移动,均衡国民收入水平减少,均衡物价水平降低,在菲利普斯曲线中表现为:经济增长率和通货膨胀率组合点向左下方移动。

在总需求曲线不变的情况下,总供给增加,总供给曲线向右移动,均衡国民收入水平增加,均衡物价水平降低,在菲利普斯曲线中表现为:经济增长率和通货膨胀率组合点向右下方移动。

在总需求曲线不变的情况下,总供给减少,总供给曲线向左移动,均衡国民收入水平减少,均衡物价水平提高,在菲利普斯曲线中表现为:经济增长率和通货膨胀率组合点向左上方移动。

由此可见,菲利普斯曲线是对 AD-AS 模型均衡情况的描绘。

附录　宏观经济学课程教学大纲

一、教学目的、要求

（一）教学目的

宏观经济学是一门经济学与管理学类专业的学科基础理论课程,它以社会总体的经济运行作为研究对象,通过总量分析来说明市场经济条件下,社会的商品和劳务的总产出与产出的增长、通货膨胀与失业率、国际收支和汇率以及宏观经济政策的运用及其对国民经济所产生的影响。宏观经济学既关注短期的经济波动,也考察长期的经济增长。通过本课程的学习,学生可以了解宏观经济学的主要内容,理解宏观经济学的基本原理,掌握宏观经济问题的基本分析方法,全面系统理解宏观经济的运行方式和机制,宏观经济政策对经济的作用和经济对宏观经济政策的反应方式,以及来自需求和供给两个方面的冲击可能对经济造成的影响,据此可以更加清晰地理解和判断社会中的通胀、就业、对外贸易、资产价格、宏观经济政策、经济增长等现象。

（二）教学要求

在讲授宏观经济学课程内容时,一方面,要把基本概念和基本模型讲透彻,为学生分析现实问题和学习后续课程打好基础;另一方面,要引导学生关注国内外重大宏观经济问题,关注专家对宏观经济政策的解读,培养学生的经济学思维方式,提升学生分析现实社会经济问题的基本能力。

二、课程主要内容

(一)国内生产总值

目的和要求:通过本章的学习,要求学生搞清楚国内生产总值的经济含义及其计算,了解经济循环模型,以及最终产品市场总供给和最终产品市场总需求的构成。

主要内容:

1.国内生产总值含义:市场价值、最终产品、新生产、地域概念、流量概念;

2.名义 GDP 和实际 GDP:名义 GDP、实际 GDP;

3.四部门三市场模型:家庭部门和企业部门、NI 和 GDP 的关系,最终产品市场总供给,最终产品市场总需求;

4.统计学的总需求和宏观经济学的总需求。

重点与难点:国内生产总值的含义、四部门三市场模型、NI 和 GDP 的关系、最终产品市场总供给、最终产品市场总需求。

(二)NI-AE 模型

目的和要求:通过学习,了解凯恩斯 NI-AE 模型,使学生掌握在投资被看作外生变量条件下,国民收入需求量的计算方法。

主要内容：

1. 自发消费和投资：自发消费、投资；

2. 引致消费和引致储蓄：引致消费的含义，引致消费的图形，引致储蓄的含义，引致储蓄的图形；

3. 消费函数和储蓄函数：消费函数的含义，消费函数的图形，储蓄函数的概念，储蓄函数的图形；

4. 两部门国民收入需求量的计算：国民收入需求量的概念、国民收入需求量的计算；

5. 三部门国民收入需求量的计算：政府采购、净税收、国民收入需求量的计算；

6. 乘数效应。

重点与难点：引致消费、国民收入需求量的计算、乘数效应。

（三）IS 曲线

目的和要求：通过学习，使学生了解影响投资的因素，利息率和投资的关系，以及利息率与国民收入需求量之间的反方向变动关系。

主要内容：

1. 投资函数：投资的含义、影响投资的因素、投资函数及表达、投资量的变动与投资的变动；

2. IS 曲线：IS 曲线公式推导、IS 曲线图形推导、IS 曲线的斜率；

3. IS 曲线的移动。

重点与难点：投资的含义、投资函数及表达、IS 曲线的斜率。

（四）LM 曲线

目的和要求：使学生了解货币的本质、流动性偏好、货币供给及货币市场均衡时国民收入与利息率之间的同方向变动关系。

主要内容：

1. 货币的本质；

2. 货币需求：第一种货币需求、第二种货币需求、货币需求函数；

3. 货币供给：第一种货币供给、第二种货币供给；

4. LM 曲线：LM 曲线图形推导、LM 曲线公式推导、LM 曲线的斜率。

重点与难点：货币的本质、第二种货币需求、LM 曲线的公式推导。

(五) 国民收入需求量的决定及货币政策和财政政策

目的和要求：通过学习，使学生掌握在利息率为内生变量，并考虑货币需求和货币供给条件下，国民收入需求量的计算方法。并了解财政政策、货币政策变动对国民收入水平需求量的影响。

主要内容：

1. IS–LM 均衡：利息率为内生变量、考虑货币需求和货币供给条件下国民收入需求量的计算；

2. 货币政策：货币政策工具、货币政策效果；

3. 财政政策：财政政策工具、挤出效应、财政预算平衡；

4. 货币政策和财政政策的共同作用。

重点与难点：国民收入需求量的计算、货币政策工具、挤出效应。

(六) AD 曲线

目的和要求：通过学习，使学生了解价格水平指标，掌握总需求曲线的推导。

主要内容：

1. 价格指数及其衡量：GDP 平减指数、消费者价格指数、通货膨胀率；

2. 价格水平变动对 LM 曲线的影响；

3. 总需求曲线的推导：影响总需求的因素、需求的表达、需求定理、需求量的变动与需求的变动。

重点与难点:GDP 平减指数,总需求曲线的推导。

(七) AS 曲线

目的和要求:通过学习,学生应掌握劳动力市场的均衡和总供给曲线的推导。

主要内容:

1. 劳动力需求曲线:劳动力的边际收益、劳动力的边际成本、劳动力的厂商均衡、劳动力需求曲线;

2. 劳动力供给曲线:失业及其衡量、失业的分类、自然失业和充分就业、劳动力供给曲线;

3. 劳动力市场均衡:劳动力市场均衡、劳动力市场均衡机制;

4. 总供给曲线的推导。

重点与难点:劳动力的厂商均衡,失业及其衡量,失业的分类,劳动力供给曲线,总供给曲线的推导。

(八) 均衡国民收入的决定及变动

目的和要求:通过学习,学生应掌握总需求总供给的均衡、通货膨胀和失业的原因。

主要内容:

1. AD-AS 均衡:均衡国民收入、均衡价格水平、均衡机制;

2. AD、AS 变动对均衡的影响:失业、通货膨胀、滞胀;

3. 菲利普斯曲线:菲利普斯曲线三种表达方式、预期理论;

4. 经济周期理论:经济周期的定义、阶段和类型,经济衰退。

重点与难点:均衡国民收入,均衡机制,菲利普斯曲线。

（九）经济增长理论

目的和要求：通过学习，学生应了解西方经济学经济增长理论的发展过程，掌握经济增长理论的内容。

主要内容：

1.新古典增长模型；

2.内生增长理论；

3.促进经济增长的政策。

重点与难点：新古典增长模型、内生增长模型。

三、学时分配

宏观经济学课程学时分配表

序号	章节	内容	学时数
1	第一章	国内生产总值	4
2	第二章	NI-AE 模型	4
3	第三章	IS 曲线	4
4	第四章	LM 曲线	6
5	第五章	国民收入需求量的决定及货币政策和财政政策	6
6	第六章	AD 曲线	4
7	第七章	AS 曲线	8
8	第八章	均衡国民收入的决定及变动	6
7	第九章	经济增长理论	6
合　　计			48

四、教学环节安排

（一）课堂教学

1. 教学方法

讲授法。大量使用 PPT 的动画功能，让知识点有序呈现，提高学生听课率；引入恰当的案例，加深学生对于知识点的理解；介绍前沿课题，使学生对学科的发展有所了解。

练习法。建设宏观经济学题库，督促学生通过练习来加强对知识的理解。

2. 教学手段

使用 PowerPoint 课件进行教学，并与板书相结合。

（二）习题课和课外习题

共设五次章节测验，分别考查学生对于五章内容的掌握情况，了解学生存在的问题知识点，进行强化。对于章节测验不合格的同学，设立章节辅导群。

五、考核和成绩评定方法

本课程为考试课,成绩由平时成绩 30%,出勤成绩 20% 和期末成绩 50% 构成。

平时成绩由 3 次章节测验成绩构成,每次章节测验成绩占平时成绩的三分之一。

出勤成绩依据学生出勤情况给定。旷课一学时,扣 5 分;迟到,早退超过 15 分钟,扣 1 分。

本课程为考试课,期末以闭卷考试方式进行,严格按照评分标准,给定卷面成绩。

六、教材及参考书

[1]《西方经济学》编写组. 西方经济学(第二版)下册,北京:高等教育出版社、人民出版社,2019.

[2]高鸿业. 西方经济学(宏观部分)(第七版),北京:中国人民大学出版社,2018.

[4]曼昆. 经济学原理:宏观经济学分册(第七版),北京:中国金融出版社,2015.

[5]保罗·萨缪尔森. 宏观经济学(第十九版). 北京:商务印书馆,2017.

第八章　基于马克思理论的经济循环模型再认识

一、引言

在宏观经济学教学中,经济循环模型的作用是为最终产品市场均衡条件的讲解进行铺垫。

最终产品市场均衡的条件是最终产品市场总需求等于最终产品市场总供给:在两部门三市场模型中,最终产品市场总需求由消费、投资构成;最终产品市场总供给由消费、储蓄构成,最终产品市场均衡的条件表现为:消费与投资的和等于消费与储蓄的和,或者表达为投资等于储蓄。公式表示为: $C + I = C + S$ 或者 $I = S$ 。

在三部门三市场模型中,最终产品市场总需求由消费、投资、政府支出构成;最终产品市场总供给由消费、储蓄、净税收构成,最终产品市场均衡的条件表现为:消费、投资、政府支出的和等于消费、储蓄、净税收的和,或者表达为投资、政府支出的和等于储蓄、净税收的和。公式表示为: $C + I + G = C + S + NT$ 或者 $I + G = S + NT$ 。

在四部门三市场模型中,最终产品市场总需求由消费、投资、政府支出、净出口构成;最终产品市场总供给由消费、储蓄、净税收构成,最终产品市场均衡的条件表现为:消费、投资、政府支出、净出口的和等于消费、储蓄、净税收的和,或者表达为投资、政府支出、净出口的和等于储蓄、净税收的和。公式表示为:$C + I + G + NX = C + S + NT$ 或者 $I + G + NX = S + NT$。

由最终产品市场均衡条件可知,在介绍最终产品市场均衡条件之前,必须说明为什么最终产品市场总需求分解为消费、投资、政府支出和净出口,以及最终产品市场总供给为什么分解为消费、储蓄和净税收。经济循环模型就是解释最终产品市场总需求和总供给构成的关键。

经济循环模型对于最终产品市场均衡条件的讲解至关重要。但是,由于经济循环模型存在主体二元化问题,现有的经济循环模型并不能很好地完成解释最终产品市场总需求和总供给分解的任务。为此,本章以马克思相关经济理论为基础,对经济循环模型进行重构,以求更好地发挥经济循环模型对于宏观经济运行的解释作用,为宏观经济学教学提供一种新的方法。

二、马克思主义相关理论

(一)物质资料生产理论

在马克思主义政治经济学中,物质资料生产的含义是:人们以一定的生产关系联系起来,使用劳动工具作用于劳动对象,从而生产出符合自己需要的物质资料的过程。物质资料生产是人类社会基本的实践活动,它为人类提供一切生产资料和生活资料。

物质资料生产过程当中,有三个基本要素缺一不可,这三个要素分别是:人的劳动、劳动工具和劳动对象。人的劳动是生产的基本要素,包括劳动者的脑力劳动和体力劳动,劳动是物质资料生产的主体。劳动工具是生产过程当中,劳动者借以改变劳动对象的一切物质手段,包括生产场所、生产工具等,其中生产工具是最重要的生产要素,生产工具影响着物质资料生产的水平。劳动对象是在生产过程中,劳动者使用劳动工具所加工的一切物质资料。劳动对象可以分成两类:一类是未经加工的自然物,如树木、矿石等;另一类是经过人的劳动加工过的物质资料,如棉花、钢铁等。劳动对象在经济学中被称为中间产品,所谓中间产品,是指在从初级产品加工开始到提供给消费者最终消费所经过的一系列生产过程中,没有成为最终产品前处于加工过程的产品的统称。在物质资料生产的三要素中,劳动资料和劳动对象合称为生产资料。

(二)再生产理论

人类只要存在,就离不开生产资料和生活资料。为了不断地获得生产资料和生活资料,就需要不断地进行物质资料生产。再生产就是连续不断进行的物质资料生产。再生产的过程包括四个环节,分别是:生产、交换、分配、消费。这四个环节是一个有机的整体,相互影响、相互制约。在再生产的四个环节当中,生产居于支配地位,生产的性质决定了分配的性质、交换的性质和消费的性质。另外,交换、分配和消费也反作用于生产,与生产相适应的交换、分配和消费会促进生产的发展,与生产不相适应的交换、分配和消费会阻碍生产的发展。

(三)社会生产的两大部类

根据产品的最终用途,可以把社会生产各部门划分为两个类别,分别是:生产资料生产部门和消费资料生产部门。生产资料生产部门被称作第一部类,消费资料生产部门被称作第二部类。社会生产两大部类是一个有机的整体,两大部类不仅必须并存,而且两大部类之间需要保持一个适当的比例。在社会总产品的实现过程中,两大部类的产品有三种交换,分别是:第一部类内部各部门、各企业之间的交换;第二部类内部各部门各企业之间的交换,以及是两大部类之间的交换。这说明,第一部类所生产的生产资料不仅要满足第一部类所有部门对于生产资料的需求,还需要满足第二部类所有部门对于生产资料的需求,即第一部类所生产的生产资料等于第一部类和第二部类对于生产资料需求的和。同时,第二部类所生产的生活资料不仅要满足第二部类所有部门对于生活资料的需求,还需要满足第一部类所有部门对于生活资料的需求,即第二部类所生产的生产资料等于第一部类和第二部类对于生活资料需求的和。

三、经济循环模型简介

经济循环模型是宏观经济学中反映经济运行的基本模型,按照从简单到复杂的顺序,经济循环模型分为两部门三市场模型、三部门三市场模型和四部门三市场模型。

在两部门模型中,经济活动的主体是企业部门和家庭部门。企业部门在经济模型中有两个身份:一方面,企业部门是生产要素的需求者;另一方面,企业部门是最终产品的供给者。同样,家庭部门也存在两种身份:一方面,家庭部门是生产要素的所有者和供给者;另一方面,家庭部门也是最终产品的消费者。企业部门和家庭部门的关系是:家庭部门向企业部门提供生产要素,企业部门向家庭部门支付生产要素的报酬,这种生产要素的交易形成的就是生产要素市场;企业部门和家庭部门的另一种关系是:企业部门使用生产要素生产最终产品,并销售给家庭部门,这种最终产品的交易形成最终产品市场。另外,家庭部门内部的借贷关系、企业部门内部的借贷关系,以及家庭部门和企业部门之间的借贷关系构成了金融市场。

三部门三市场模型是在两部门三市场模型的基础之上加入政府部门而形成的。政府部门的加入给经济运行加入了两个经济变量:政府支出和净税收。政府支出是指政府向企业部门购买商品和劳务的行为,政府支出是总需求的构成部分,所以,政府支出的增加会使总需求增加,从而提高宏观经济活动水平。净税收是政府向家庭部门征税的行为,净税收等于总税收减去转移支付,净税收的加入是消费和储蓄的基础从国民收入转变为个人可支配收入,从而降低了家庭部门的消费水平和储蓄水平,也降低了宏观经济活动水平。由此可见,政府支出是经济的注入量,净税收是经济的漏出量。

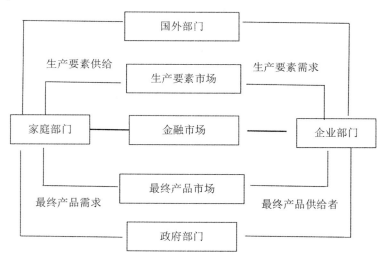

四部门三市场模型

四部门三市场模型是在三部门三市场模型的基础之上加入国外部门而形成的。在经济模型中,国外部门的作用有两个:一是进口,即国外部门购买本国所生产的最终产品,是本国最终产品市场总需求的注入量;一是出口,即政府、企业部门、家庭部门购买国外部门的产品和劳务,形成最终产品市场总需求的漏出量。

四、经济循环模型的主体二元化

(一) 经济循环模型由局部均衡理论衍生而来

局部均衡理论是由近代英国著名的经济学家阿尔弗雷德·马歇尔(1842—1924)所创立。马歇尔是新古典学派的创始人,剑桥大学经济学教授,19世纪末和20世纪初英国经济学界重要的人物。在其1890年发表的《经济学原理》中,马歇尔使用局部均衡理论,阐述了自己的经济学观点。

局部均衡理论是相对于一般均衡理论而言的,它着重考察个别经济单位的行为而不考虑各个经济单位之间的相互关联和影响,即只分析某一商品或生产要素自身的价格与其供求状况之间的关系,而忽略该商品与其他商品的价格和供求的关系。局部均衡论者虽然并不否认各种商品的价格、供求相互之间的联系和影响,却认为在某一商品的均衡价格形成中,影响最大的还是该商品自身的供给和需求状况。因此,局部均衡理论把研究的对象限制在其他条件不变的假定之内,从而排除了其他商品价格和供求状况的影响,专注于分析某一商品的价格是如何由其自身的供求关系决定。

局部均衡理论用相同的范式解释产品市场和生产要素市场中的价格决定问题。该范式由三部分构成,分别是:均衡价格理论、消费者行为理论和生产者行为理论。

根据均衡价格理论,市场上存在两个力量:需求和供给。需求和供给是方向相反的两个力量:需求和价格呈反方向变动,供给和价格呈同方向变动。当需求和供给这两个力量相对静止,不再变动时,此时的状态称为市场均衡,市场均衡时的价格为均衡价格,市场均衡时的数量为均衡数量。

均衡价格理论说明了需求、供给两个力量如何决定市场价格,但没有说明价格和需求呈反方向变动,也没有说明为什么供给和价格呈同方向变动,因此均衡价格理论本身并不完整,还需要进一步说明需求曲线、供给曲线背后的原因。虽然均衡价格理论既适用于产品市场,也适用于要素市场,但是在产品市场和生产要素市场两个市场中,需求曲线和供给曲线背后的原因是不同的。

在产品市场当中,家庭部门是最终产品的需求者,需求曲线背后是家庭部门出于效用最大化的决策,所以,产品市场的需求曲线由消费者行为理论予以解释;企业部门是最终产品的供给者,供给曲线背后是企业部门出于利润最大化的抉择,所以,产品市场的供给曲线由生产者行为理论予以解释。消费者行为理论和生产者行为理论都是产品市场均衡价格理论的支撑理论,分别说明需求和价格呈反方向变动的原因,以及供给和价格呈同方向变动的原因。

而在生产要素市场当中,企业部门是生产要素的需求者,需求曲线背后是企业部门出于利润最大化的抉择,所以,生产要素市场的需求曲线由生产者行为理论予以解释;而家庭部门是生产要素的供给者,供给曲线背后是家庭部门出于效用最大化的抉择,所以,生产要素市场供给曲线由消费者行为理论予以解释。

由于最终产品市场和生产要素市场的需求曲线和供给曲线背后的原因不同,微观经济学将局部均衡理论分为产品市场局部均衡理论和生产要素市场局部均衡理论。局部均衡理论可以用局部均衡理论模型予以描述。

比较局部均衡理论模型和经济循环模型可知,经济循环模型是局部均衡理论模型的拓展,是在局部均衡模型的基础之上,加入金融市场、政府部门、国外部门而来。

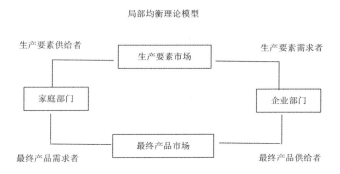

局部均衡理论模型

生产要素供给者　　　　生产要素市场　　　　生产要素需求者

家庭部门　　　　　　　　　　　　　　　企业部门

最终产品需求者　　　　最终产品市场　　　　最终产品供给者

局部均衡理论示意图

(二) 主体二元化

"经济人" (economic man) 又称"理性—经济人""实利人"或"唯利人"。这种假设最早由英国经济学家亚当·斯密 (Adam Smith) 提出。他认为人的行为动机根源于经济诱因,人都要争取最大的经济利益。作为消费者时,经济人理性表现为效用最大化;作为企业时,经济人理性表现为利润最大化。

市场机制就是依据经济人理性原则来运行的。在市场经济体制中,消费者依据效用最大化的原则做出最终产品的购买决策和生产要素的供给决策;生产者依据利润最大化的原则做出最终产品的销售决策和生产要素的需求决策。市场就在供给和需求之间,根据价格的自然变动,引导资源向着最有效率的方面配置。这时的市场就像一只"看不见的手",在价格机制、供求机制和竞争机制的相互作用下,推动着生产者和消费者做出各自的决策。

由市场经济的运行机制可知,在局部均衡理论模型,以及经济循环模型当中,家庭部门和企业部门代表的都是经济人,是经济人处于不同条件时的不同表现形式。家庭部门是以效用最大化为指导原则的人的集合,企业部门是以利润最大化为指导原则的人的集合。家庭部门和企业部门都是经济运行的主体,这就是经济循环模型的主体二元化问题。

由于主体二元化,在宏观经济学教材中的模型中,家庭部门和企业部门都代表国民,这就导致国民收入的分解图形表达困难,也导致经济循环模型并不能很好地完成解释最终产品市场总需求和总供给分解的任务。

五、基于马克思理论的经济循环模型构造

(一) 家庭部门是物质资料生产的起点和终点

传统经济循环模型由局部均衡理论衍生而来,意味着传统经济循环模型中的家庭部门和企业部门代表的都是人,这造成了经济循环模型的主体二元化问题,主体二元化不便于国民收入分解的图形表现。解决主体二元化问题的方法是基于宏观经济学授课的需求,重构经济循环模型。

马克思将物质资料生产定义为:以一定生产关系联系起来的人们,利用生产工具改变劳动对象、创造适合自己需要的物质资料的过程。根据马克思主义物质资料生产理论:人是物质资料生产的主体,物质资料生产以人的需求为起点,并以人需求的满足为终点。人是以家庭为单位存在的,所以家庭部门被定义为人的集合。既然人是物质资料生产的起点和终点,那么在经济循环模型中,家庭部门自然被看作经济循环模型的起点和终点。

在宏观经济学中,生产资料被看作家庭部门所掌握的生产要素。生产资料是指人们从事物质资料生产所必需的一切物质条件,即劳动资料和劳

动对象的总和,是生产力中物的因素。在任何社会生产中,人们总是借助于生产资料,通过自己的劳动生产出劳动产品。

(二)企业部门是生产要素结合所形成的生产组织

作为个体的人是无法完成物质资料生产的,所以物质资料生产是人们以一定方式结合在一起,形成某种生产组织进行的。原始社会的生产以氏族公社为生产组织,生产资料归氏族公社集体所有,氏族成员在共同的生产劳动中结成原始的平等互助的关系,氏族成员平均分配消费品;奴隶社会及封建社会的小农以家庭为生产组织,男耕女织,自给自足,夫妻二人组成一个生产组织;庄园经济以及田庄经济等大规模的封建经济是地主阶级在大土地所有制的基础上,以超经济人身强制的劳役地租或实物地租为剥削形态,以严密的生产管理体系建立起来的一种生产组织。

商品经济的生产也是以生产组织的形式进行的,商品经济的生产组织就是企业。关于企业,在宏观经济学中,可以将其看作一个生产要素进行组合的平台,企业本身什么也没有,是生产要素相互结合所形成的。企业的形成过程可以表述如下:

西方经济学将生产要素分为劳动、资本、土地和企业家才能。四种生产要素当中,首先进入企业的是企业家才能。在宏观经济学中,企业家才能指:运用各种方法,将人力、材料和财务等资源组织起来,根据商业模式的相关策划安排,进行一项独立一次性或长期无限期的工作任务,以期达到由数量和质量指标所限定的目标的能力。可以将企业家才能看作企业未来发展的一张蓝图,它决定了企业发展的方向。

企业家才能只是企业未来发展的一张蓝图,只有获得资本的支持,企业家才能这张蓝图才能实现。资本在企业当中的作用是预付,即可以在企业获得收入之前,支付劳动和土地两种要素的费用,从而可以让劳动和土地两种生产要素进入企业。

　　四种生产要素结合之后,就可以进行物质资料生产了。由于企业是四种要素的结合,所以生产所得也需要在四种生产要素之间进行分配。劳动要素获得的收入是工资,土地要素获得的收入是地租。因为劳动和土地两种要素的收入已经由资本进行预付了,所以首先要将企业获得的收入当中属于劳动要素和土地要素的部分归还给资本。这样,预付的资本在经过一段时间后都得到了收回。资本并不是无条件使用的,资本由于在一段时间内让渡了使用权,所以需要获得相应的报酬,付给资本的报酬就是利息。企业收入在支付完工资、地租和利息后,剩余部分就是企业家才能的收入,即利润。

　　综上所述,企业部门只是生产要素进行组合所形成的生产组织的名称,生产是来自家庭部门的生产要素进行的生产,生产所得自然也归家庭部门生产要素所有。

(三) 最终产品总供给的三种表达方式

　　首先,一个国家的最终产品总供给可以用国内生产总值进行衡量。企业是商品经济条件下的生产组织形式,家庭部门通过生产要素市场,将生产要素注入企业部门,组成了一个一个企业,并进行物质资料生产。所以,一个国家的生产的情况可以用企业部门的生产情况进行衡量,即用国内生产总值来衡量。国内生产总值的含义是一个国家或地区在一定时期内所生产的全部最终产品的市场价值的总和。

　　其次,最终产品总供给可以用国民收入进行衡量。人是物质资料生产的主体,在物质资料生产过程当中,家庭部门中的各个家庭各尽所能:提供劳动获取收入的家庭被称为无产阶级,其获得的收入为工资;凭借对生产资料所有权获得收入的家庭被称为资产阶级,其获得的收入被称为利息;凭借对土地的所有权获得收入的家庭被称为地主阶级,其获得的收入被称为地租。所有家庭收入的和就是国民收入。由于生产使用的都是来自家庭部门的生产要素,所以生产所得也应该归家庭部门的生产要素所有,即国内生产总值与国民收入相等。

最后,最终产品市场的总供给,可以从三个角度予以衡量:从生产角度进行衡量,表现为一个国家的国内生产总值 GDP。从收入角度进行衡量,表现为国民收入 NI。从国民收入的用途角度进行衡量,在两部门三市场模型当中,国民收入分解为消费和储蓄;在三部门三市场模型和四部门三市场模型中,国民收入分解为净税收、消费以及储蓄。最终产品市场总供给有三种表达方式,总供给、国内生产总值、国民收入具有相同含义,可以相互替代,为方便起见,用 y 来对这三个概念进行统一表示。

(四)三部门三市场模型的总需求

最终产品市场总需求可以定义为谁购买了最终产品。

家庭部门在获得国民收入后,国民收入分解为净税收,消费和储蓄。其中消费直接用于最终产品的购买,净税收进入政府部门,储蓄进入金融市场,都没有用于购买最终产品,形成经济循环模型的漏出量。

政府部门一方面获得净税收,另一方面有政府支出。一方面有人向金融市场进行储蓄,另一方面有人从金融市场借钱进行投资,政府支出和投资都是经济循环模型的注入量。

(五)四部门三市场模型的总需求

三部门三市场模型反映的是一个封闭经济体的情况,如果在三部门三市场模型的基础上加入国外部门就形成了四部门三市场模型。加入国外部门后,最终产品市场需求表现为消费、投资、政府支出和净出口。但其中消费、投资、政府支出的含义与三部门三市场当中的消费、投资、政府支出的含义相比较,已经发生了变化。

在四部门三市场模型中,消费、投资、政府支出可以根据所购最终产品的产地分为两部分：一是购买本国最终产品的部分；一是购买国外最终产品的部分。其中购买国外最终产品的部分称为进口，包括消费中购买国外最终产品部分，投资中购买国外最终产品部分，以及政府支出中购买国外最终产品部分。进口意味着来自本国的国民收入没有用于购买本国的最终产品，这必将导致对本国最终产品需求的减少，所以进口被视为经济循环的一个漏出量。

在本国的国民收入购买国外最终产品的同时，国外部门也用国外的国民收入购买本国的最终产品。国外国民收入购买本国最终产品称为出口，出口导致对本国最终产品需求的增加，所以，出口被看作经济循环的一个注入量。

为更好地理解三部门三市场模型中消费、投资、政府支出与四部门三市场模型消费、投资、政府支出的区别，先假设本国的进口和出口相等。这意味着，消费、投资和政府支出中购买国外最终产品所导致的经济循环漏出量，正好等于出口所带来的经济循环注入量。

用 C1 代表消费中购买本国最终产品的部分，C2 代表消费中购买国外最终产品的部分，消费等于两个部分的和，公式表示为 $C = C_1 + C_2$。

用 I1 代表投资中购买本国最终产品的部分，I2 代表投资中购买国外最终产品的部分，投资等于两个部分的和，公式表示为 $I = I_1 + I_2$。

用 G1 代表政府支出中购买本国最终产品的部分，G2 代表政府支出中购买国外最终产品的部分，政府支出等于两个部分的和，公式表示为 $G = G_1 + G_2$。

对于本国最终产品的需求包括 C1、I1 和 G1，以及来自国外的出口。所以本国最终产品市场总需求可以表示为 $AE = C_1 + I_1 + G_1 + X$。由于假设本国的进口和出口相等，所以有 $X = C_2 + I_2 + G_2$，$AE = C_1 + I_1 + G_1 + X = C_1 + I_1 + G_1 + C_2 + I_2 + G_2 = C + I + G$。

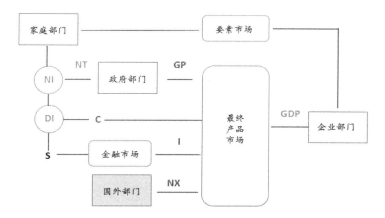

四部门三市场模型(新)

第九章 基于勤俭节约美德的
NI-AE 模型教学改革研究

一、习近平总书记关于勤俭节约的重要论述

"俭,德之共也。"勤俭节约是中华民族传统美德。勤俭节约的优良传统不仅在中国革命时期发挥了重要作用,在社会主义建设和经济体制改革的过程中也是至关重要的。2018 年习近平总书记在全国宣传思想工作会议上指出:中华优秀传统文化是中华民族的文化根脉,其蕴含的思想观念、人文精神、道德规范,不仅是我们中国人思想和精神的内核,对解决人类问题也有重要价值。

我们党的传家宝是节俭朴素,力戒奢靡。党的十八大以来,习近平总书记多次强调要坚持勤俭奉公、厉行节约,坚决反对形式主义、官僚主义,坚决抵制享乐主义和奢靡之风;要大力弘扬中华民族勤俭节约的优秀传统,坚持以俭修身、以俭齐家、以俭兴业,厉行节约、勤俭办事,把好传统带进新征程,把好作风弘扬在新时代。

(一)勤俭节约,反对铺张浪费

第一,要从思想上树立勤俭节约的意识。"化民成俗,其必由学。"要想全民树立勤俭节约意识,全社会形成勤俭节约的风尚,首先就要大力开展宣传教育工作。宣传教育是传播知识和信息的工具,也是快速提升全民素质的有效方法。当前,生活条件的改善,使得人们消费心理有所转变,社会层面仍存在"浪费合理论""浪费必然论"等错误论调,因而,加大勤俭节约的宣传教育,不仅可以培养人民群众形成"节约光荣、浪费可耻"的价值观念,提升全民勤俭节约意识,也有利于在全社会营造浪费可耻、节约光荣的浓厚氛围,让人民群众把勤俭节约自觉融入生活中、行动中。

第二,要充分发挥党员干部的示范作用。这也是我党我军的重要工作方法和优良传统。"风成于上,俗化于下。"共产党员,特别是党员干部,作为社会各个阶层中的先进分子,要率先垂范,在日常工作和生活中带头作表率,坚持勤俭节约、反对铺张浪费,起到树标杆、作榜样的作用。同时,对于广大党员干部来讲,清正廉洁是讲忠诚、守初心、担使命的根本,要严格遵守廉洁自律的各项规定,涵养艰苦奋斗的政治本色,"静以修身,俭以养德",真正掀起勤俭节约之风,使崇尚勤俭成为社会风尚。

第三,倡导勤俭节约要落实在行动上。倡导勤俭节约,不仅要宣传教育、形成氛围,让大家从意识上认识到勤俭节约良好作风的重要性,更要从行动上落实勤俭节约。新中国成立以来,我们党始终坚持勤俭节约的工作和生活作风,带领人民群众艰苦奋斗,攻克了一个又一个难关,解决了老百姓吃不饱、穿不暖的问题;打赢了脱贫攻坚战,使人民群众的生活从此走上了小康之路。

(二)勤俭节约,杜绝资源浪费

勤俭节约要坚持节约优先。"取之有制、用之有节则裕。"保护生态环境,要以节约资源为要。习近平总书记强调:"节约资源是保护环境的根本之策。"该论述将基本意义上的勤俭节约思想扩展到生态环境领域,"节约"成为习近平生态文明思想的源流。"天育物有时,地生财有限。"勤俭节约、杜绝资源浪费是生态文明建设中的重要理念。作为人口大国、经济强国,我国在改革开放的四十多年里成绩斐然,但在经济快速发展的同时我们也注意到,我国资源短缺情况日益加剧,资源浪费不容小觑。厉行节俭是应对资源短缺的重要选择,也是保证人类长久生存和发展的基本准则。新时代社会主要矛盾决定了我们要杜绝资源浪费、积极厉行勤俭节约、推动生态文明建设。

生态文明建设是关系中华民族永续发展的根本大计。习近平总书记高度重视生态文明建设,提出"充分利用改革开放 40 年来积累的坚实物质基础,加大力度推进生态文明建设,解决生态环境问题"。我们党也将节约资源和保护环境确立为基本国策。生态环境是事关民生的重大课题。推动生态文明建设是一项重要的工程,要以节约资源为先,要把节约资源贯穿于全过程,牢牢树立保护生态环境就是促进生产力发展的观念。人与自然的关系是一种"天人合一"、互利共赢的共同体关系,这是习近平生态文明思想的重要内涵。生态环境没有替代品,用之不觉,失之难存。自然资源更是如此,不能随心所欲地浪费,也不能无节制地开发开采。一定要树立大局观、长远观、整体观,坚守安全边界,坚持节约资源和保护环境的基本国策,将勤俭节约的理念贯穿始终,像对待生命一样对待生态环境,推动形成绿色发展方式和生活方式。

在实现第二个百年奋斗目标的赶考路上,我们要坚持以习近平生态文明思想为指导方针,坚持节约资源、保护优先,加快形成能源节约型社会,努力实现经济社会发展和生态环境保护协同共进。

(三) 勤俭节约,整治贪污浪费

勤俭节约是中国共产党的优良作风,这是中国共产党的宗旨和性质所决定的。节俭朴素,力戒奢靡也是中国共产党的传家宝。党的十八大以来,习近平总书记强调绝不能丢掉谦虚谨慎、戒骄戒躁、艰苦奋斗、勤俭节约的传统。勤俭节约、艰苦奋斗党员干部和党政机关履行职责、廉洁奉公的首要条件。只有党员干部继续保持勤俭节约、艰苦奋斗的本色,党和政府带头过紧日子,才能更好地塑造党的优良传统,确保党的纯洁性和先进性,方能真正带领广大人民群众实现新的伟大胜利。

贪污浪费、腐败问题,关乎党风廉政建设,是党的廉洁文化建设的重要内容,是党的作风建设的好坏关键。作风问题关系人心向背,关系党的执政基础。党的二十大报告强调,把握作风建设地区性、行业性、阶段性特点,抓住普遍发生、反复出现的问题深化整治,推进作风建设常态化、长效化。我们的党政机关要始终保持"永远吹冲锋号"的政治定力,坚持纠"四风"树新风并举,教育引导党员干部牢记"三个务必",以优良作风带动政风民风向上向善,在新时代新征程上展现新气象新作为。

中国共产党的廉政建设是伴随着党的成立而同步展开的。从革命战争年代到社会主义建设时期,从改革开放到新时代脱贫攻坚,我们党都始终坚定不移推进党风廉政建设。新中国第一代中央领导人毛泽东同志就提出"两个务必"的工作作风,曾告诫党员干部务必保持艰苦奋斗和不骄不躁的作风。勤俭节约、艰苦奋斗作为中国共产党作风建设的重要内容,在全面从严治党和反腐倡廉中有着非常重要的意义,是根除党内贪污腐败的一剂良药。习近平总书记关于勤俭节约的论述也是与全面从严治党和反腐倡廉理念密切联系的。新时代要抓好作风建设,坚决杜绝贪污浪费滋生的土壤,党员干部,特别是领导干部要做到以下几点:

(1)要持之以恒加固中央八项规定堤坝。习近平总书记在二十届中央纪委二次全会上强调,制定实施中央八项规定,是我们党在新时代的徙木立信之举,必须常抓不懈、久久为功,直至真正化风成俗,以优良党风引领社风民风。中央八项规定作为长期有效的铁规矩、硬杠杠,必须坚决贯彻落实。各级党组织要坚持落实中央八项规定精神只能紧、不能松,从一顿饭、一瓶酒等具体问题抓起,严防虚列会议费、通过交通费、伙食费、招待费套取费用问题,重点整治不吃公款吃分包、违规收送电子红包礼品券、吃拿卡要、公车私用、公款旅游、设立"小金库"等现象,对屡查屡犯的问题要从严惩治,以管住"关键少数"来引领带动"绝大多数",避免理想信念在吃吃喝喝、觥筹交错中逐渐崩塌,廉洁防线在迎来送往、勾肩搭背中逐渐失守。要坚持对风腐一体问题更要深挖细查,通过找准"靶子"、查清"病灶"、对症下药。要坚持"节点"就是"考点",持续紧盯"节日腐败"不放松,坚持和完善节前教育提醒、通报曝光,节中监督检查、明察暗访,节后严查快处、督促整改的工作机制,锲而不舍、串点成线,有力推动节日风气持续向好。

(2)要坚持不懈抓好作风建设。贯彻党的二十大精神,必须进一步发挥作风建设的保障作用。要持续深化整治形式主义为基层群众减负,围绕管理体系优化工作流程,做到各项审批流程"快、简、顺",提升工作效能;要消除衙门作风,坚决杜绝"门好进脸难看事难办"等问题;要深入整治不尊重客观实际的乱作为行为、推诿扯皮的不作为问题;要深化风腐同治,坚决防范由"风"及"腐"、由"风"变"腐"、"风""腐"一体问题,坚持惩治震慑、制度约束、提高觉悟一体发力,持续释放越来越严、一严到底的强烈信号,一体推进"三不腐",以作风建设新成效促进党政机关各项工作迈上新台阶。

(3)要坚定不移加强纪律建设。要把纪律建设摆在更加突出的位置,对违反党规党纪的问题,发现一起坚决查处一起,既让铁纪"长牙"、发威,又让党员干部重视、警醒、知止,形成遵规守纪的高度自觉。从严处理顶风违纪问题的同时,也要注重以案为鉴开展警示教育,做到惩前毖后、治病救人。

（四）建章立制，完善勤俭节约体制机制

改革开放以来，经济的快速发展使得人民生活水平不断提高，人们关于饥饿的记忆渐渐远去，勤俭节约的传统美德也逐渐淡化，铺张浪费、奢侈攀比现象时有发生。中国共产党自成立以来，就非常重视勤俭节约的传统美德，老一辈革命家毛泽东、周恩来、朱德等，无论在革命战争年代还是在和平建设时期，都坚持勤俭节约、艰苦朴素的生活作风。党的十八大以来，从中央八项规定到《厉行节约 反对浪费条例》的出台，习近平总书记带领的共产党人把这一优秀品德发扬光大，强调以制度约束干部、厉行勤俭节约，完善勤俭节约体制机制建设，整治党内不良风气。党的二十大指出，只要存在腐败问题产生的土壤和条件，反腐败斗争就一刻不能停，必须永远吹冲锋号。二十届中央纪委二次全会对"坚决打赢反腐败斗争攻坚战持久战"作出具体部署，强调不敢腐、不能腐、不想腐一体推进。因此，完善勤俭节约体制机制，有利于营造全社会文明风尚，也有利于减少铺张浪费、强化廉政建设。

首先，建立健全全层级大监督机制。要从制度建设入手，从源头上卡住浪费，从监管上制约浪费。建立全层级大监督机制，主管部门要发挥业务监督职责，纪检监察部门要发挥专职再监督作用，协同宣传媒体和人民群众的社会监督，形成横向到边、纵向到底的全方位监督体系，确保勤俭节约机制体制的建立健全，使监督体系形成常态监督、久久为功，以良好的党风带动政风民风，真正形成全社会崇尚勤俭风气。

其次，从责任监督入手，建立合理考核评价体系。强化责任考核，把铺张浪费问题作为深化作风建设的重要内容，进一步细化考核内容及标准，将各部门、各机构贯彻落实勤俭节约、反对铺张浪费精神的情况与月度考核结合起来，加强监督指导，健全责任考核，真正使勤俭节约成为干部职工的行动自觉。

最后,建立健全严厉惩戒制度。对于在考核评价中问题突出的干部职工,利用惩戒制度体系,以刚性的制度约束、严格的制度执行,以零容忍的工作机制打击铺张浪费奢靡之风,切实遏制各种违法违纪及腐败行为,净化社会风气。严惩制度是反对腐败、厉行节约的有力保证,也是中国共产党铁的纪律和底线。此外,后续工作要不断跟进,坚决防止走过场、一阵风的情况,从思想上使人民群众认识到贪污浪费的严重后果,产生敬畏心理,自觉培养勤俭节约的良好品德。

二、西方经济学 NI-AE 模型存在的浪费问题

(一)西方经济学中 NI-AE 模型概述

NI-AE 模型是描述均衡国民收入决定的基础模型。NI-AE 模型认为,一个国家的国民收入水平是由最终产品市场决定的。NI 代表最终产品市场的总供给(国民收入),AE 代表最终产品市场的总需求。NI-AE 模型是以经济萧条时期为研究背景。因为在此时期,主要问题在于供大于求,其表现为需求不足、供给过剩,因此,在最终产品市场上,总需求决定总供给,总需求水平能够达到多高,总供给就会达到多高。根据总需求决定总供给这一原则,均衡国民收入就被定义为与总需求相等的国民收入水平,均衡国民收入的推导过程如下:

在两部门三市场模型中,总需求包括消费和投资,即 $AE = C + I$。其中消费由自发消费和引致消费构成,公式表示为 $C = \alpha + \beta \cdot y$,投资被看作外生变量,所以总需求公式可以写为: $AE = \alpha + \beta \cdot y + I$。总需求决定总供给,即 $\alpha + \beta \cdot y + I = y$,推导可得

$$y = \frac{\alpha + I}{1 - \beta}$$

在三部门三市场模型当中,总需求包括消费、投资和政府采购,即 $AE = C + I + GP$。其中消费的公式为 $C = \alpha + \beta \cdot y_d$,或写成:$C = \alpha + \beta \cdot (y - NT)$。投资、政府采购和净税收都被看作外生变量。所以,总需求公式可以写为 $AE = \alpha + \beta \cdot (y - NT) + I + GP$。总需求决定总供给,即 $\alpha + \beta \cdot (y - NT) \cdot y + I + GP = y$,推导可得

$$y = \frac{\alpha + I + GP}{1 - \beta} - \frac{\beta}{1 - \beta} \cdot NT$$

在四部门三市场模型当中,总需求包括消费、投资、政府采购和净出口,即 $AE = C + I + GP + NX$。其中消费的公式为 $C = \alpha + \beta \cdot y_d$,或写成:$C = \alpha + \beta \cdot (y - NT)$。投资、政府采购和净税收都被看作外生变量。净出口等于出口减去进口,公式表示为 $NX = X - \gamma \cdot y$ 所以,总需求公式可以写为 $AE = \alpha + \beta \cdot (y - NT) + I + GP + X - \gamma \cdot y$。总需求决定总供给,即 $AE = \alpha + \beta \cdot (y - NT) + I + GP + X - \gamma \cdot y = y$,推导可得

$$y = \frac{\alpha + I + GP + X}{1 - \beta + \gamma} - \frac{\beta}{1 - \beta + \gamma} \cdot NT$$

(二)引致消费和乘数

总需求中投资、政府采购、净税收、出口的增加或减少,会导致国民收入若干倍的增加或减少,西方经济学将这种现象定义为乘数效应,国民收入变化量与总需求变化量之比即为乘数。根据引起总需求的起因不同,乘数分为自发消费乘数、投资乘数、政府采购乘数、净税收乘数、出口乘数等。

税收乘数表

	两部门三市场模型	三部门三市场模型		四部门三市场模型	
		固定税	比例税	固定税	比例税
自发消费乘数	$1/(1-\beta)$	$1/(1-\beta)$	$1/[1-\beta(1-t)]$	$1/(1-\beta+\gamma)$	$1/[1-\beta(1-t)+\gamma]$
投资乘数	$1/(1-\beta)$	$1/(1-\beta)$	$1/[1-\beta(1-t)]$	$1/(1-\beta+\gamma)$	$1/[1-\beta(1-t)+\gamma]$
政府采购乘数	——	$1/(1-\beta)$	$1/[1-\beta(1-t)]$	$1/(1-\beta+\gamma)$	$1/[1-\beta(1-t)+\gamma]$
净税收乘数	——	$-\beta/(1-\beta)$	——	$-\beta/(1-\beta+\gamma)$	——
出口乘数	——	——	——	$1/(1-\beta+\gamma)$	$1/[1-\beta(1-t)+\gamma]$

虽然引起总需求变化对起因不同,但导致总需求成倍增加的原因都是引致消费的存在。引致消费是由国民收入变化所引起的消费的变化。家庭部门总会将增加的国民收入用于两个用途,一是增加消费,用 $\triangle C$ 表示;一是增加储蓄,用 $\triangle S$ 表示。因为 $\triangle C$ 和 $\triangle S$ 都是由国民收入增加引起的,所以 $\triangle C$ 称为引致消费、$\triangle S$ 称为引致储蓄。引致消费 $\triangle C$ 在增加的国民收入当中所占的比例称为边际消费倾向,用 β 表示,引致消费的公式为 $\triangle C = \beta \cdot y$。

国民收入的增加会导致引致消费的增加,增加量为 $\triangle C = \beta \cdot y$。而引致消费是总需求的一部分,引致消费的增加又会导致国民收入的增加,增加量为 $\triangle y = \triangle C$。所以国民收入和引致消费存在相互促进的关系,只是因为边际消费倾向小于1,这种相互促进关系最终会停止下来。在引致消费和国民收入的相互作用下,最初的总需求的变化可以使国民收入增加一个倍数,这个倍数就被称为乘数。

从乘数公式可知,在国民收入增加时,其增加量与边际消费倾向成正比,边际消费倾向越大,总需求增加后,国民收入增加越多。

（三）NI-AE 模型中存在的浪费思想

凯恩斯在 1936 年所写的《就业、利息、货币通论》一书中曾经提出一个非常著名的"挖坑"理论：雇两百人挖坑，再雇两百人把坑填上，这一行为被称为创造就业机会。雇两百人挖坑时，需要发两百把铁锹；当发铁锹时，生产铁锹的企业就可以开工，生产钢铁的企业也可以生产；当他发铁锹时还得给工人发工资，这时食品消费也都有了。等他再雇两百人把坑填上时，又会增加对铁锹的需求和对消费品的需求。

后来黑兹利特根据"挖坑"理论提出了"破窗"理论：如果一个小孩打破了面包店的窗户，那么面包店的老板就不得不拿出钱来安装玻璃，这样玻璃工人和木匠就有了工作，接下来就会使伐木场和玻璃厂开工，从而推动社会就业。因此，自然灾害和战争都可以起到推动经济发展的作用。

NI-AE 模型会使学习者倾向于一个结论：通过增加个人消费和政府消费，可以使国民收入水平增加。

根据 NI-AE 模型的结论，增加个人消费、政府消费以及投资等需求，可以使国民收入水平提高，使经济走出困境，但这并不意味着个人、企业和政府可以乱花钱。消费虽然能使国民收入增加，但是通过增加消费增加国民收入不具有可持续性。与投资不同，消费不能带来回报。所以，无论是个人消费的增加还是政府消费的增加，都会导致个人和政府的当期支出大于当期收入，导致个人或政府储蓄的减少。当个人或政府的储蓄用完时，则没有更多的资金支持国民收入的增加。另外，即使是将储蓄用于投资，也不一定会使国民收入水平持续的增长。这是因为失败的投资同样不能带来回报，所以失败的投资和消费一样是对社会储蓄水平的一种消耗。

综上所述，在 NI-AE 模型讲授的过程当中，需要对模型的推导过程进行重新设定，要将勤俭节约的传统美德注入模型的推导过程中，使学生了解到要将有限的储蓄用于有利于人民生活水平提高的消费和投资中去。

三、基于勤俭节约传统美德的均衡国民收入推导过程探索

（一）储蓄和引致储蓄

基于勤俭节约传统美德对均衡国民收入进行推导，需要区别两组概念：消费与引致消费，储蓄与引致储蓄。

1. 消费函数和引致消费

在现实生活中，影响家庭消费需求的因素很多，例如，从微观角度有家庭收入水平、商品价格水平、家庭财产状况、可提供的消费信贷状况、消费者的偏好、消费者的年龄构成等方面，而从宏观角度考虑，则有物价水平、利率水平、汇率水平、社会的收入分配状况以及社会的各种制度、风俗习惯等方面。凯恩斯认为，这些因素中最具有决定意义的是家庭收入。因此，凯恩斯主义理论将家庭收入这个主要影响因素单独列出，分析了其对消费需求的影响。凯恩斯认为，在收入和消费的关系上存在一条基本的心理规律，即当人们收入水平较高时，他们的消费量也较大；反之，当人们的收入水平较低时，他们的消费量也较低。用函数关系表示消费与收入的关系，就是

$$C = \alpha + \triangle C$$

根据凯恩斯的消费理论，消费函数由两部分组成，一是自发消费，一是引致消费。自发消费是指即使收入为零时，消费者通过借贷或使用储蓄也必须有的基本生活消费。自发消费与收入水平无关，是收入水平的外生变

量,用 α 表示。引致消费用 △C 表示,指由收入增加所引起的消费增加。

　　每增加的一单位收入中用于增加消费的部分所占的比例,也就是增加的消费额与增加的收入额之比,叫作边际消费倾向。凯恩斯认为收入增加和消费增加有这样一条基本心理规律,即为:在一般情况下,平均来讲,当人们收入增加时,他们的消费也会增加,但消费的增加不会像收入增加的那样多。这被称为边际消费倾向递减规律。为了能更好地理解引致消费,我们需要区分两个概念:边际引致消费和总引致消费。边际引致消费的含义是:国民收入增加一个单位所导致的消费增加量。用 M△C 表示。$M\triangle C = \beta \cdot \triangle y$。总引致消费是由国民收入增加所导致的消费增加量的总量,用 △C 表示,二者关系是:总引致消费等于边际引致消费的和,即 $\triangle C = M\triangle C1 + M\triangle C2 + M\triangle C3 + \cdots$。

　　边际消费倾向递减规律的存在,导致边际消费倾向下降,即 $\beta1 > \beta2 > \beta3 \cdots$,也导致边际引致消费(M△C)呈递减趋势,即 $M\triangle C1 > M\triangle C2 > M\triangle C3\cdots$。因为总引致消费等于边际引致消费的和,所以总引致消费的公式应为:$\triangle C = M\triangle C1 + M\triangle C2 + M\triangle C3\cdots = \beta1 \cdot \triangle y1 + \beta2 \cdot \triangle y2 + \beta3 \cdot \triangle y3 + \cdots$,到目前为止,引致消费只与国民收入增加量有关,即 $\triangle C = f(\triangle y)$。

　　为了研究的方便,在宏观经济学当中做了一个假设:假定边际消费倾向不随收入的变化而变化,即 $\beta = \beta1 = \beta2 = \beta3 = \cdots$,于是就有了如下的公式推导:

$$\Delta C = \beta \cdot (\Delta y_1 + \Delta y_2 + \Delta y_3 + \cdots) = \beta \cdot \Delta y = \beta \cdot (y - 0) = \beta \cdot y$$

　　由此,引致消费就成了国民收入的函数,即 $\Delta c = \beta \cdot y$。需要注意,引致消费可以成为国民收入的函数,根本就在于边际消费倾向不变。

　　引致消费可以用图形予以表示,横轴代表国民收入 y,纵轴代表引致消费 △C,引致消费的图形表现为从原点出发的一条射线,其斜率为边际消费倾向。

相应的,也可以得到消费函数的图形,横轴代表国民收入 y,纵轴代表消费水平 C,消费函数的图形表现为截距为 α ,斜率为边际消费倾向的一条直线。

2. 储蓄与引致储蓄。

引致储蓄是由收入变化所导致的储蓄变化。在两部门三市场模型当中,增加的国民收入有两个用途,一是增加消费,称为引致消费;一是增加储蓄,称为引致储蓄。用公式表示为: $\triangle y = \triangle C + \triangle S$ 。引致储蓄是国民收入增加量当中减去引致消费的部分,所以,公式表示为 $\triangle S = \triangle y - \triangle C = (1 - \beta) \cdot y$ 。

引致储蓄反映了国民收入与储蓄增加量之间的关系,用横轴代表国民收入 y,纵轴代表引致消费 $\triangle S$,引致储蓄的图形表现为从原点出发的一条射线,其斜率为边际储蓄倾向。

储蓄反映的是每一个国民收入水平所对应的储蓄绝对量,包括自发储蓄和引致储蓄。用横轴代表国民收入 y,纵轴代表引致消费 $\triangle S$,引致储蓄的图形表现为截距为 $- \alpha$,斜率为边际储蓄倾向的一条直线。

(二) 与收入无关的总需求和与收入有关的总需求

基于勤俭节约传统美德对均衡国民收入进行推导,需要明确使总需求得到满足的供给的来源。所以,需要对总需求进行分类。根据总需求是否随收入的变化而变化,可以将总需求划分为两类:与收入变化有关的总需求和与收入变化无关的总需求。

在三部门三市场模型当中,总需求由消费、投资政府采购构成。其中,消费又分为自发消费和引致消费。所以,可以将三部门三市场模型中的总需求看作由四部分组成,分别是:自发消费、引致消费、投资和政府采购。

自发消费是由人的基本需求决定的最必需的消费,与收入变化无关;

投资的主要影响因素是利息率,也与收入变化无关。政府采购取决于政府的决策,也与收入无关,所以,自发消费、投资和政府采购都属于与收入变化无关的总需求。而引致消费是收入变化所导致的消费变化,是与收入变化有关的总需求。即:

　　与收入无关的总需求:自发消费、投资和政府采购。

　　与收入有关的总需求:引致消费。

　　将总需求划分为与收入变化有关的总需求和与收入变化无关的总需求,是为了区分使总需求得到满足的总供给的来源。总需求是由总供给予以满足的,在总供给的增加过程中,引致消费随之产生并自动被总供给所满足。总供给在满足引致消费后剩余的部分就是引致储蓄,与收入无关的自发需求、投资和政府采购都是由引致储蓄予以满足的。

(三) 需要的国民收入水平

　　西方经济学教材中,将与总需求相等的总供给称为均衡国民收入水平,并根据总需求等于总供给这一条件来推导均衡国民收入水平。这一推导方式不利于对宏观经济学的理解。在宏观经济学中,均衡国民收入是由总需求和总供给所决定的,**NI-AE** 模型、**IS-LM** 模型都是对总需求曲线的推导,所以在 **NI-AE** 模型当中出现均衡国民收入的概念会使初学者产生困惑,所以,在 **NI-AE** 模型中,用需要的国民收入代替均衡国民收入有利于对宏观经济学的理解。需要的国民收入水平是指使总需求得到满足所需要的国民收入水平。它是一个虚拟的国民收入水平,并不意味着实际生产的国民收入水平。

　　如上所述,与总收入无关的总需求都需要由引致储蓄来满足,引致储蓄与国民收入水平有关,公式表达为 $\triangle S = (1 - \beta) \cdot y$。短期内,边际储蓄倾向 $(1 - \beta)$ 不变,所以引致储蓄积累的速度不变。在引致储蓄积累速度不变的条件下,一旦与总收入无关的总需求确定,与之相对应的需要的国民收入水平也就确定了。

两部门三市场模型中的总需求由自发消费、引致消费和投资三部分组成。其中,引致消费随总供给的增加而产生,并自动被总供给满足,所以,总需求是否得到满足的关键在于,自发消费和投资能否得到满足。自发消费和投资由引致储蓄来满足,$\triangle S = \alpha + I$。这样,可以计算出是最终产品市场均衡的国民收入 y 的水平。公式为 $y = (\alpha + I)/(1 - \beta)$。

两部门模型中使最终产品市场均衡的国民收入计算方法同样可以运用到三部门三市场模型。三部门三市场模型是在两部门模型的基础上增加了政府部门。加入政府部门之后,发生了如下变化:一是总需求在消费和投资的基础上,增加了政府采购。总供给在消费和储蓄的基础之上增加了净税收。二是消费和储蓄的内涵发生了变化。

在两部门三市场模型当中,因为不存在政府部门,所以全部国民收入都是家庭部门的可支配收入,消费和储蓄是对可支配收入的分解,而国民收入与可支配收入相等,所以,消费和储蓄可以表现为是国民收入的函数,但是,在三部门三市场模型当中,并不是所有国民收入都是家庭部门的可支配收入,家庭部门获得国民收入后要先缴税,缴税后剩下的部分才是家庭部门的可支配收入。所以,消费函数和储蓄函数必须表现为是可支配收入都函数,消费函数 $\triangle C = \beta \cdot (y - NT)$,储蓄函数 $\triangle S = (1 - \beta) \cdot (y - NT)$。

三部门三市场模型,也要考虑总需求的满足问题。引致消费是与收入变化有关的总需求,它随总供给的产生而产生,并自动被总供给满足,与收入变化无关的总需求包括:自发消费、投资和政府采购,在三部门模型当中,由引致储蓄和净税收来满足。

如果与收入变化无关的总需求都得到了满足,最终产品市场处于均衡状态,我们也可以推导出是最终产品市场均衡的国民收入需要量。

$$(1 - \beta)(y - NT) + NT = \alpha + I + GP$$

$$y - NT = \frac{\alpha + I + GP - NT}{1 - \beta}$$

$$y = \frac{\alpha + I + GP - \beta \cdot NT}{1 - \beta}$$

可以将引致消费看作总供给的成本,引致储蓄看作总供给扣除引致消费后剩余的部分。由此可见,边际消费倾向低,与收入无关的总需求可以更快地得到满足,边际消费倾向高,则与收入无关的总需求得到满足的速度慢。

(四)习近平总书记关于勤俭节约重要论述的价值意蕴

习近平总书记指出:勤俭节约、艰苦奋斗既是过去我们发展壮大的重要保证,也是未来新征程中再创辉煌的重要保证。勤俭节约、艰苦奋斗是我党我军的政治本色和优良作风。习近平总书记关于勤俭节约的重要论述,不仅是对优秀传统美德的弘扬,也赋予了它新时代特色和新的历史使命,其价值意蕴主要表现在以下几方面:

1. 弘扬中华民族的传统美德

在马克思主义和中国特色社会主义的理论和实践中,始终把文化和文化建设摆在重要位置。党的十八大以来,文化建设被提到一个新的历史高度,作为"五位一体"总体布局中的一个方面,文化建设担负着举旗帜、聚民心、育新人、兴文化、展形象的使命任务。勤俭节约是中华传统文化中的重要组成部分,体现了中华民族的价值取向和道德风尚,是弘扬中华传统美德的应有之义。

首先,以勤俭文化造就道德品格。从《尚书》提出"克勤于邦,克俭于家",到诸葛亮崇尚"静以修身,俭以养德",再到《朱子治家格言》叮嘱"一粥一饭,当思来处不易",诸多古训格言都彰显了崇俭抑奢的中华传统美德。《周易》中提出"君子以俭德辟难"。老子将"俭"视为三宝之一,俭即节约,同时也含有约束、节制的意思,俭是美德,是个人生存之道、家庭兴旺之道、国家富强之道。勤俭节约是一种积极向上的道德力量,一个廉洁自律的人必从遵守俭德开始。

其次,以勤俭文化滋养廉政官德。"为政清廉才能取信于民",在儒家思想中,"廉"居于官德之首。推进党风廉政建设,要时刻绷紧廉洁自律这根弦、始终守住党纪国法这条线,事事慎始慎初,时时慎独慎微,始终保持清醒的头脑,始终保持党员干部的清廉本色和浩然正气。勤俭节约的廉政作用在于以自我革命的精神推进作风建设,警惕领导干部要秉持廉洁奉公的原则,做到自身正、自身硬、自身净,充分认识到勤俭节约是清正廉洁的基础,是必须坚守的底线。

最后,以勤俭文化筑牢治国安邦。勤俭与奢靡关系到家国兴衰。"历览前贤国与家,成由勤俭破由奢"。勤俭,大到对于一个国家或民族,小到每个家庭,都有着极为重要的意义。俭为德之恭,侈为恶之大。新中国成立初期,毛泽东主席曾说:"要使我们国家富强起来,需要几十年艰苦奋斗的时间,其中包括执行厉行节约,反对浪费这样一个勤俭建国的方针。"《左传》中也提到"民生在勤,勤则不匮"。"俭则约,约则百善俱兴;侈则肆,肆则百恶俱纵。"在全社会营造浪费可耻、节约为荣的氛围,坚决制止铺张浪费行为,把弘扬节约美德作为提高社会文明程度的重要内容。牢固树立勤俭节约的思想,坚决反对铺张浪费,这是我们攻坚克难、走向胜利的一大法宝。

习近平总书记关于勤俭节约的重要论述是我国优秀传统文化的继承和发展,为其创新性转变提供了新的思想内涵。因此,在新时代、新征程的路上,大力弘扬勤俭节约美德,从丰厚的中华优秀传统文化中探寻源头活水,涵养克己奉公、清廉自守的精神,是增强中华民族文化自信的必然选择。

2. 保持共产党人的优良政治本色

早在中央苏区时期,毛泽东同志就强调:"应该使一切政府工作人员明白,贪污和浪费是极大的犯罪。"回顾党的百年奋斗历史进程,从井冈山的"红米饭、南瓜汤"到长征路上的啃皮带、喝雪水,再到"延安窑洞",勤俭节约、艰苦奋斗一直是凝聚党心民心,激励中国共产党带领全国各族人民克服各种艰难困苦、顽强拼搏、百折不挠,走向最后胜利的精神动力。新中国成立后,我们党领导开展了反贪污、反浪费、反官僚主义的"三反运动"。改革开放之初,邓小平同志指出:"要使大家懂得,我们的资金来之不易,我们生产出来的东西来之不易,任何浪费都是犯罪。"勤俭节约是共产党人的优良政治本色,更是我们党同人民群众保持密切联系的重要桥梁。正是由于我们党带领全国人民一边加快发展经济,一边注重节约、反对浪费,才有了今天我国经济飞速发展的成就。党的十八大以来,中央从出台"中央八项规定"破题开局,为新时代标注了艰苦奋斗的新的注解,反腐败斗争取得了阶段性的成就。但是新的历史时期面临着更多新的挑战,我们必须毫不放松、时刻保持清醒的状态,坚定信念,无惧艰辛,自觉抵制贪图享乐、奢侈浪费的陋习,时刻保持"战斗姿态"。因此,保持共产党人勤俭节约的优良本色是正确选择。

首先,作风正则事业兴。良好的工作作风是保障党的事业永续前行的核心动力,而厉行勤俭节约是促进作风建设的有力手段。党的十八大以来,以习近平同志为核心的党中央出台"中央八项规定",全面从严治党,遏制各种铺张浪费、严惩各种腐败奢靡行为,以上率下改进工作作风。弘扬勤俭节约的优良作风,大力破除奢靡之风,营造风清气正、崇尚节约的社会氛围。风清则气正,气正则心齐,心齐则事成。

其次,党风正则民风淳。党的作风是党的形象,关系人心向背。党风与民风社风紧密相连、相互影响、相互作用。党风是关键、是前提,决定民风社风。改进作风,必须首先抓好党风,以党风促民风。毛泽东同志在《整顿党的作风》中指出,只要我们党的作风完全正派了,全国人民就会跟我们学。民风社风是土壤、是风向标,影响党风。抓党风、纠"四风",必须移风易俗,转变民风社风,推动社会风气健康发展。习近平总书记指出:"加强作风建设,必须紧紧围绕保持党同人民群众的血肉联系。"党员领导干部要继承中华优秀传统文化,带头弘扬党的优良传统和作风,不断坚持、巩固和深化落实中央八项规定精神,切实解决自身存在的"四风"问题。党的作风真正改变了,才能影响和带动民风社风的转变,形成风清气正的社会环境,才能对我们党面临的各种考验和危险,为实现中华民族伟大复兴中国梦提供坚强保证。

最后,政风正则令畅通。政风是党风的延伸和载体。政风状况如何,直接关系到党同人民群众的关系。厉行勤俭节约对政风建设具有正向的作用。在各级党政机关、部门中,只有党员领导干部在思想和行动上时刻谨记勤俭节约,严格自律,才能有效地抵制腐败思想的滋生,才有利于提升党的防腐拒变的能力。反对腐败,建设廉洁政治。作风建设是全面从严治党的"基础工程",是锻造过硬干部队伍的"大熔炉",是加快高质量发展的"助推器"。广大党员干部要始终保持廉洁为民的工作作风不松懈,对容易滋生腐败的薄弱环节,积极推进廉政风险防控,坚定政治信仰,不断提高自身的政治能力,始终做新时代新征程路上的奋进者、搏击者,对有令不行、有禁不止,搞上有政策、下有对策的严格问责,坚决纠正,保证政令畅通、执行有力。实践经验表明:勤俭节约是中国共产党人的优良政治本色,其蕴含的清正廉洁的思想品质是中国共产党人防微杜渐、拒腐防变的思想武器。

踏上实现第二个百年奋斗目标新的赶考之路,广大党员干部要主动接过革命先辈勤俭节约的接力棒,坚决反对享乐主义和奢靡之风,让勤俭精神广为弘扬、勤俭意识深入人心、勤俭行为成为自觉,争做艰苦奋斗、勤俭节约风尚的传播者、示范者和先行者,彰显共产党人的革命本色。

3. 助力经济社会可持续发展

习近平总书记在 2021 年的中央政治局集体学习中指出"艰苦奋斗、勤俭节约的思想永远不能丢"。今天,我们已经全面建成小康社会,人民群众的生活显著改善,但是艰苦奋斗、勤俭节约作为中华民族的优秀传统美德,作为我们党的传家宝,仍要更好地继承和发扬,始终做到勤俭建国、勤俭建军、勤俭持家、勤俭办一切事业,这也是我们国家经济建设的重要原则。

首先,节约粮食是促进经济发展的重要基础。"民为国基,谷为民命",正如习近平总书记在致国际粮食减损大会的贺信中强调的,粮食安全是事关人类生存的根本性问题,减少粮食损耗是保障粮食安全的重要途径。食为政首,粮安天下,粮食安全始终是习近平总书记高度重视、时刻关心的问题。制止餐饮浪费行为,危机意识始终不能丢。虽然我国粮食生产实现"十九连丰",但是国内粮食供求仍处于"紧平衡"态势,尤其是当前在气候变化、地缘政治冲突等影响下,世界面临五十年来最严重的粮食危机。减少粮食损失浪费已经成为防范和应对粮食危机的重要途径。不止于此,餐饮浪费还事关良好作风养成,舌尖上的浪费不仅腐蚀人的精神世界,还损害党员干部形象,破坏党群干群关系,动摇党的执政根基。习近平总书记也对制止餐饮浪费作出了重要指示,并提出在全社会倡导"光盘行动"。"光盘行动"作为小餐桌上的大文明,不仅是"厉行节约、反对浪费"的自觉践行,也是勤俭节约这一中华民族传统美德的传承延续,也为助力我国经济可持续发展提供有力支持。

在全社会范围内弘扬克勤克俭的传统美德,坚守勤俭节约的优良作风,不仅有利于广大人民群众从思想上树立崇尚勤俭、节粮光荣的观念,也有利于培育广大人民群众艰苦奋斗的精神,更有利于推动我国经济可持续地、高质量发展。

其次,节约型消费是促进经济发展的有效手段。消费是生产的直接动力,是创造就业和收入、形成经济良性循环的过程。而消费的"度"在于资源与环境的承载能力。节约型消费模式则是综合考虑消费和节约因素而形成的消费模式,是指在消费过程中倡导人民群众形成合理、适度消费的消费观念和消费行为。节约型消费强调在资源和环境切实得到保护的基础上提高其利用效率,鼓励人民群众培养正确的消费观念,形成崇尚节约的消费理念。节约型消费不仅是满足人民群众日益增长的物质文化需要的科学消费,也是国民经济实现又好又快发展的内在要求。节约型消费有利于提高居民的消费质量,有利于促进资源和环境的有效保护,也有利于促进经济良性循环和可持续发展。

最后,勤俭节约是促进经济发展的有力保障。毛泽东曾指出,"节约是社会主义经济的基本原则之一"。建立节约型社会,提高资源利用效率,以最少的资源消耗获取最大的经济、社会效益,这是缓解资源供求矛盾的选择,也是实现经济社会可持续发展的保证。进入新时代,从战略视角对"勤俭节约"问题重新认识,这是促进人与自然和谐发展的要求,也是中华民族勤俭节约传统美德的继承和发扬。

4. 引领风气树立社会新风尚

良好的行为氛围、舆论氛围可以纠正人们的习惯,优秀的美德可以引领风气,而良好的风气是树立社会新风尚的基础。党的二十大报告中,习近平总书记号召全党同志"务必不忘初心、牢记使命,务必谦虚谨慎、艰苦奋斗,务必敢于斗争、善于斗争",并强调"在全社会弘扬劳动精神、奋斗精神、奉献精神、创造精神、勤俭节约精神,培育时代新风新貌"。

首先,勤俭节约涵养优良家风。"一室之不治,何以天下家国为?"勤俭节约自古以来就被看作是持家之宝。古往今来能成大事者,往往注重勤俭家风的培育,这也是中华民族家庭的价值追求。《朱子家训》中提出"一粥一饭,当思来处不易;半丝半缕,恒念物力维艰",既表达了对人民劳动的尊重,也强调了勤俭节约的重要性。《颜氏家训》中用"稼穑而食,桑麻以衣"告诫子孙要有艰苦奋斗的精神,要自食其力、丰衣足食。"居官所以不能清白者,率由家人喜奢好侈使然也"。曾国藩用"家俭则兴,人勤则健;能勤能俭,永不贫贱"十六字箴言告诫子女要坚持勤俭节约,远离奢华。这些价值理念历久弥新,在现代家风建设中仍发挥着独特的作用。我们要弘扬好、利用好先辈们传承给我们的宝贵的精神财富,以优良传统家风涵养"崇俭抑奢、反对浪费"的价值取向。在反腐败案件中,"对家人失管失教""家风不正""家教不严"等成为官员落马的重要原因,可见家风培育不是个人小事、家庭私事,而是事关党风建设的大事。

其次,勤俭节约涵养优良作风。优良作风是中国共产党人将马克思主义的科学思想体系与中华优秀传统文化相结合的产物。勤俭节约良好社会风尚的营造,可以涵养党员干部正确的人生观、价值观和政绩观,从思想深处抵制各种利益诱惑;可以锤炼党员的党性品德,引导党员干部严于律己,形成克勤克俭的工作作风和生活作风,从而给人民群众树立崇俭抑奢、反对浪费的风向标。

最后,勤俭节约涵养健康生活方式。党的二十大报告强调,要实施全面节约战略,推进各类资源节约集约利用。勤俭节约不是物质条件匮乏时的无奈选择,而是一个民族文明程度和生活智慧的体现。我国传统家风向来追求俭朴、清廉的生活方式,而现代社会文明的要义在于自律与节制。我们要形成绿色低碳的生活方式,就应培育"勤俭节约、文明健康"的生活方式和生活习惯,倡导绿色低碳、全面节约,让"节约适度、文明健康"成为新风尚,使人民群众都能自觉地成为勤俭节约新风尚的继承者、传播者和受益者。

第十章　基于马克思主义失业理论的劳动市场局部均衡理论教学研究

一、微观经济学劳动市场局部均衡理论概述

因为凯恩斯宏观经济学理论的社会背景是经济大萧条,所以凯恩斯主义宏观经济学强调的是国民经济的总需求方面,关注的是经济波动问题,而对于国民经济的总供给,凯恩斯并未加以讨论。随着社会的发展,在20世纪70年代,通货膨胀、滞胀等经济现象陆续出现,经济学家们越来越感觉到宏观经济学仅仅考虑国民经济的总需求方面是不够的,需要将国民经济总供给引入宏观经济学。于是,一些经济学家便把微观经济学中的劳动市场局部均衡理论和生产理论相结合,推导宏观经济学的总供给曲线。

(一)劳动市场局部均衡理论的理论框架

在微观经济学中,劳动市场局部均衡理论属于生产要素市场局部均衡理论的一个分支,其理论框架同产品市场局部均衡理论的理论框架相同,即劳动市场局部均衡理论由均衡价格理论、消费者行为理论和生产者行为

理论三个理论共同构成。一方面,均衡价格理论是劳动市场局部均衡理论的核心理论,它说明在劳动市场当中存在两个力量,一个是劳动需求,一个是劳动供给。一方面,劳动需求与工资呈反方向变动,工资提高,劳动需求下降,工资降低,劳动需求提高;另一方面,劳动供给与工资呈同方向变动,工资提高,劳动供给增加,工资下降,劳动供给减少。劳动需求和劳动供给是方向相反的两个力量,当劳动需求和劳动供给力量相当、相对静止、不再变动时,此时的状态被称为劳动市场均衡,劳动市场均衡时的工资被称为均衡工资[①],数量被称为均衡劳动数量。

在劳动市场局部均衡理论当中,均衡价格理论处于核心位置,而消费者行为理论和生产者行为理论则是均衡价格理论的两个支撑理论,生产者行为理论的作用是证明劳动需求和工资之间的反方向变动关系;而消费者行为理论的作用则是证明劳动供给和工资之间的同方向变动关系。这样,均衡价格理论、消费者行为理论和生产者行为理论就构成了一个有机的整体,共同说明在劳动市场当中,劳动需求、劳动供给和工资水平之间的互动关系。

(二)微观经济学关于劳动需求曲线的证明

劳动需求曲线的定义是:在其他因素既定的条件下,劳动需求量与市场工资率之间的函数关系。一般来说,随着市场工资率的上升,劳动需求随之下降;市场工资率下降,劳动需求上升。

在劳动市场局部均衡理论当中,劳动需求量和市场工资率之间的反方向变动关系是由生产者行为理论予以证明,作为了解经济中劳动市场需求的第一步,微观经济学首先考虑的是单个厂商如何决定雇佣多少工人。

微观经济学对劳动市场做出了以下假设:第一,工人们都一样,这就可以忽略员工在资质、技能、能力等方面的差异;第二,假设公司雇用工人所

---

①　在劳动市场,价格是劳动的工资。

支付的工资是在完全竞争的劳动市场上决定的,而不是公司自己决定的;第三,在决定雇佣多少工人时,公司的目标是获得尽可能高的利润水平,公司需要的是能使其利润最大化的工人数量。

为了得出能够使厂商实现利润最大化的工人数量,公司必须对多雇佣一个劳动所带来的成本与多雇佣一个劳动所带来的收益进行比较。

多雇佣一个劳动所带来的成本就是雇佣这个劳动所需要支付的工资,西方经济学将其定义为劳动的边际成本。根据第二个假设,工人的工资是在完全竞争的劳动市场上决定的,所以,工人的工资水平不随单个厂商劳动雇佣量的变化而变化。也就是说,对于一个厂商来说,劳动的工资始终保持不变,或者说劳动边际成本不随劳动雇佣量的变动而变动。

多雇佣一个劳动带来的收益被定义为劳动的边际收益,其含义是劳动增加一个单位所导致的总收入的变化量。劳动的边际收益与劳动的边际产量有着紧密的联系。劳动边际产量是指劳动增加一个单位所导致的总产量的变化量。劳动边际产量与劳动边际收益的关系为,劳动边际收益等于劳动边际产量乘以产品的市场价格。劳动边际产量是用产出来衡量雇佣一个额外工人所带来的好处,而劳动的边际收益是以收入来衡量雇佣一个额外的工人所带来的好处。

劳动的边际产量反映的是劳动增加量与总产量变化量之间的关系,它遵循边际产量递减规律①,即在生产技术和资本存量给定的条件下,随着劳动投入的增加,劳动的边际产量先上升,在达到一定的劳动投入量后,劳动的边际产量开始下降。因此,劳动边际产量曲线是先上升后下降的。而劳动边际收益等于劳动边际产量乘以产品的工资,所以劳动边际收益曲线也是先上升后下降的。

---

① 边际产量递减规律,也称为边际报酬递减规律。其基本含义为在技术水平和其他投入保持不变的条件下,连续追加一种生产要素的投入量,总是存在着一个临界点,在这一点之前,边际产量递增,超过这一点之后,边际产量将出现递减的趋势,直到出现负值。

劳动边际收益曲线随劳动雇佣量的增加先上升后下降,而劳动边际成本(工资)不随劳动雇佣量的变化而变化,所以二者关系为:劳动边际成本曲线始终保持不变,是一条平行于横轴的直线。在劳动边际收益曲线上升阶段,劳动边际收益曲线会与劳动边际成本相交。相交前,劳动的边际收益小于劳动边际成本,但厂商不会停止雇佣劳动,因着劳动的边际收益在增加;相交后,劳动边际收益超过劳动边际成本,厂商获得劳动边际利润。劳动的边际收益曲线在达到最高点后开始下降,在劳动边际收益曲线下降阶段,也会和劳动边际成本曲线相交。相交前,劳动的边际收益大于劳动的边际成本,劳动的边际利润仍然大于零;相交后,劳动的边际收益小于劳动的边际成本,劳动的边际利润小于零。

劳动边际收益与劳动边际成本的差即为劳动边际利润,总利润等于边际利润的和。所以,当劳动的边际收益大于劳动边际成本时,劳动边际利润大于零,总利润单调递增;当劳动边际收益小于劳动边际成本时,劳动边际利润小于零,总利润单调递减;当劳动边际收益等于劳动边际成本时,劳动的边际利润等于零,总利润达到最大值。因此,厂商在雇佣工人时,均衡的劳动数量处于劳动边际收益曲线下降阶段,是劳动边际收益等于劳动边际成本时的劳动雇佣量。因此,通过对多雇佣一个劳动所带来的成本与多雇佣一个劳动所带来的收益进行比较,得到了使厂商实现利润最大化既定目标的最佳工人雇佣量。

劳动需求曲线反映的是工资水平与劳动需求量之间的关系。根据假设,工资水平是在劳动市场当中决定的,因此,工资水平不受单个厂商劳动雇佣量的影响。但是,工资水平还要受劳动市场总体需求和劳动市场总体供给影响。当出于某种原因导致工资水平上升时,单个厂商所需要的劳动数量就会减少,相反当工资水平下降时,单个厂商所需要的劳动数量就会增加。单个厂商的劳动需求与工资水平呈反方向变动关系,由此,得到了单个厂商的劳动需求曲线。

微观经济学将劳动市场总体需求看作单个厂商劳动需求的叠加,因此,当工资水平上升时,由于单个厂商劳动需求都减少,所以劳动市场需求也随之减少;当工资水平下降时,由于单个厂商劳动需求都增加,所以劳动市场需求也随之增加。由此证明了劳动市场需求与工资水平之间的反方向变动关系,即工资水平上升,劳动市场需求减少;工资水平下降,劳动市场需求增加。

(三)微观经济学关于劳动市场供给曲线的证明

1.劳动供给概述

在劳动市场当中,劳动供给量是由家庭部门决定的。作为了解劳动总供给的第一步,微观经济学首先考虑的是个人如何决定劳动的供给量。在这一决定过程中,个人所遵循的原则是效用最大化,而对这一问题进行分析使用的是消费者行为理论,分析工具为无差异曲线和预算线。

微观经济学认为,在决定个人劳动供给量的过程中,个人需要权衡工作的好处和工作的成本。除了从工作中所获得的心理上的满足之外,工作的主要好处是工作挣来的收入,个人可以用挣来的收入购买各种必需品和奢侈品,而这些必需品和奢侈品可以给个人带来相应的效用。而工作的主要成本是工作所涉及的时间和精力,用于工作的时间和精力已无法用于其他活动。经济学家用"休闲"这个词来形容工作之外的所有活动,包括吃饭、睡觉、在家里工作、与家人和朋友共度时光等。为了使自己尽可能地富裕,个人应该选择提供一定数量的劳动,但工作又会使个人不得不放弃休闲时间所带来的效用。所以,个人需要在工作和休闲之间寻找均衡。

2.无差异曲线

在分析个人权衡工作的好处和损失的过程中,微观经济学首先使用的分析工具是无差异曲线。所谓无差异曲线,是指效用相同的商品组合的集合。而在分析个人在工作和休闲之间寻找均衡的过程中,无差异曲线所描述的两种商品分别是休闲和收入。无差异曲线的坐标轴分别代表休闲和收入,其中横轴代表休闲时间,纵轴代表收入,这样,第一象限中的每一个点所代表的都是休闲和收入的不同数量的组合,称之为休闲收入组合。而整个第一象限被看作所有休闲收入组合的集合,被称为休闲收入组合空间。

　　对于个人来说,不同的休闲收入组合所蕴含的效用不同。根据序数效用论,个人不能准确衡量每一个休闲收入组合的效用,但可以对这些休闲收入组合的效用进行比较。根据比较结果,个人可以将第一象限中的所有休闲收入组合按照效用大小进行归类,效用相同的休闲收入组合看作一个集合,即一条无差异曲线。第一象限中的所有休闲收入组合可以被归纳到无差异曲线中。无差异曲线有无数条,由于每一条无差异曲线所代表的效用不同,所以这无数条无差异曲线之间不能相交。而且离远点越远的无差异曲线蕴含的休闲数量和收入数量越高,代表的效用也越大。

　　另外,无差异曲线还具有斜率为负、凸向原点的特征。无差异曲线斜率为负是因为无论是休闲时间的增加还是收入水平的提高都会使个人的效用提高,即休闲和收入的边际效用都是正数。因此,在增加一种商品消费的同时,为了保持效用不变,必须减少另外一种商品的消费数量。所以无差异曲线斜率为负。

　　无差异曲线凸向原点的原因是边际效用递减原理。边际效用递减规律是指随着对某一商品消费的增加,消费者从该商品中获得的效用递减。在收入水平高、休闲时间少时,收入的边际效用较低,休闲的边际效用高。为了获得一单位时间的休闲,在保持效用不变的情况下,个人愿意放弃的收入较多。但随着休闲时间的增加以及收入水平的降低,个人为了获得一单位时间的休闲,愿意放弃的收入越来越少。这种现象被称为边际替代率递减,其图形表现就是无差异曲线凸向原点。

综上所述,无差异曲线有五个特征,分别是:无差异曲线斜率为负;无差异曲线凸向原点;任意两条无差异曲线不相交;有无数条无差异曲线;离远点越远的无差异曲线效用越大。

3. 预算线

关于消费者在休闲和工作之间进行抉择的另一个分析工具是预算线。在消费者行为理论中,预算线的含义是在收入和工资水平既定的条件下,消费者所能消费的两种商品不同数量组合的集合。而在分析个人的休闲工作决定时,主要的约束因素不是收入,而是时间。

假设除吃饭、睡觉等时间外,个人可以自由支配的时间是 16 小时,消费者考虑的是如何将这有限的 16 小时在休闲和工作之间进行分配。同样用横轴表示休闲时间,纵轴表示收入,如果 16 小时全部用于休闲,在坐标轴的坐标为(16,0),即休闲 16 小时,收入为 0。如果 16 小时都用于工作,假设工资为 w,获得的收入为 16w,坐标为(0,16w),即休闲为 0 小时,收入为 16w。两点确定一条直线,通过两点坐标可推导预算线方程,预算线方程为:$y = 16w - wx$。预算线反映了在总休闲时间和工资水平既定条件下,消费者将 16 小时在休闲和收入中进行分配的所有可能组合的集合。

4. 消费者均衡及劳动供给曲线的推导

根据预算线方程 $y = 16w - wx$ 可知,在工资 w 确定的情况下,预算线是唯一确定的,同时,对于消费者来说,无差异曲线有无数条。虽然无差异曲线有无数条,但无差异曲线与预算线的关系只有三种,即无差异曲线与预算线相离、无差异曲线与预算线相交、无差异曲线与预算线相切。

个人在进行休闲收入决定时,所遵循的原则是效用最大化原则,表现为消费者在预算线约束下要实现效用最大化。即在预算线约束下,无差异曲线离原点越远越好。在预算线约束下,效用最大的休闲收入组合就是无差异曲线与预算线的切点。由此,得到了个人的休闲工作均衡点。

根据预算线方程,在工资不变的情况下,预算线唯一确定。当工资变动时,预算线相应变化,会形成新的休闲工作均衡点。当工资上升时,预算线以(16,0)为原点顺时针旋转,与新的无差异曲线相切,得到新的均衡点,此时,休闲时间减少,工作时间增加;当工资下降时,预算线以(16,0)为原点逆时针旋转,与新的无差异曲线相切,得到新的均衡点,此时,休闲时间增加,工作时间减少。由此,得到了单个消费者的劳动供给曲线,即工资水平上升,劳动供给增加,工资水平下降,劳动供给减少,单个消费者的劳动供给与工资水平呈同方向变动。

微观经济学将劳动市场供给看作是单个厂商劳动供给的叠加,因此,当工资水平上升时,由于个人劳动供给增加,所以,劳动市场供给也随之增加;当工资水平下降时,由于个人劳动供给减少,所以,劳动市场需求也随之减少。由此证明了劳动市场需求与工资水平之间的同方向变动关系。

(四)劳动市场均衡

劳动需求曲线与工资水平呈反方向变动,劳动供给曲线与工资水平呈同方向变动,将劳动需求曲线和劳动供给曲线放在同一个坐标系中,二者交于一点,交点即为劳动市场均衡点,此时的工资水平为均衡工资水平,此时的劳动数量为均衡劳动数量。

当市场工资水平高于均衡工资水平时,劳动供给量大于劳动需求量,劳动者会降低工资以寻找工作,工资水平的降低一方面使厂商对于劳动需求的增加,另一方面使家庭部门的劳动供给减少,这个过程一直持续下去,直到劳动需求和劳动供给二者相等为止。

当市场工资水平低于均衡工资水平时,劳动供给量小于劳动需求量,厂商会提高工资吸引工人,工资提高一方面使厂商对于劳动需求减少,另一方面使家庭部门的劳动供给增加,这个过程一直持续下去,直到劳动需求和劳动供给二者相等为止。

上述两个过程被称为劳动市场均衡机制。由于劳动市场均衡机制的存在,在劳动需求曲线和劳动供给曲线给定的条件下,劳动市场均衡是唯一确定的。相应的,均衡工资水平和均衡劳动数量也是唯一确定的。但如果劳动需求曲线或者劳动供给曲线发生变动,劳动市场均衡将随之发生变动。

在劳动供给曲线不变的情况下,如果劳动需求增加,劳动需求曲线将向右移动,从而会和劳动供给曲线形成新的均衡点。与原均衡点相比较,新的均衡点均衡工资水平上升,均衡劳动数量也上升。如果劳动需求减少,劳动需求曲线将向左移动,移动后和劳动供给曲线形成新的均衡点,与原均衡点相比较,新的均衡点均衡工资水平下降,均衡劳动数量也下降。

同样道理,在劳动需求曲线不变的情况下,如果劳动供给增加,劳动供给曲线将向右移动,从而会和劳动需求曲线形成新的均衡点,与原均衡点相比较,新的均衡点均衡工资水平下降,均衡劳动数量上升;如果劳动供给减少,劳动供给曲线将向左移动,与劳动需求曲线形成新的均衡点,与原均衡点相比较,均衡工资水平将上升,均衡劳动数量下降。

(五)总供给曲线的推导

1. 价格对于劳动市场均衡的影响

产品市场价格的变化会对劳动市场均衡产生影响。价格水平发生变化首先会对劳动需求曲线产生影响,而劳动需求曲线的变动又会对劳动市场均衡产生影响。也就是说,价格水平通过劳动需求曲线对劳动市场均衡产生影响。

劳动需求曲线的支撑理论是生产者行为理论,在生产者行为理论当中,厂商在劳动的边际收益和劳动的边际成本两个力量之间寻找均衡,以确定能实现利润最大化的劳动需求量。

劳动边际成本是工人的工资,由于工资不随单个厂商劳动雇佣量的变化而变化,所以劳动边际成本曲线是一条平行于横轴的直线。

劳动边际收益等于劳动的边际产量和产品价格水平的乘积,劳动边际产量曲线的图形先上升后下降,所以劳动边际收益曲线的图形也是先上升后下降。当劳动的边际产量等于零时,即与横轴相交时,劳动边际收益也等于零,也与横轴相交。在该点,劳动的边际产量曲线和劳动的边际收益曲线相交。在相交前和相交后,劳动边际收益曲线和劳动边际产量曲线同步增减,只是劳动边际收益曲线的增减幅度均大于劳动边际产量曲线。

当价格水平上升时,边际收益曲线增减幅度变化加大,图形趋近于以边际产量曲线和横轴交点为圆心逆时针旋转。价格水平上升后,在每一个工资水平,劳动需求都会增加。价格上升导致劳动需求增加。当价格水平下降时,边际收益曲线图形趋近于以边际产量曲线和横轴交点为圆心顺时针旋转。旋转后,在每一个工资水平,劳动需求都会减少。由此可知,价格和劳动需求之间呈同方向变动,价格上升导致劳动需求量增加,价格下降导致劳动需求减少。

在劳动供给不变的条件下,劳动需求增加,劳动需求曲线右移,导致均衡劳动数量增加;劳动需求减少,劳动需求曲线左移,导致均衡劳动数量减少。所以,价格和均衡劳动数量之间的关系是:价格上升,均衡劳动数量增加;价格下降,均衡劳动数量下降。

2. 凯恩斯的货币工资刚性假设

凯恩斯认为货币工资具有下降刚性,即人们对货币工资的下降会进行抵抗,但欢迎货币工资的上升。因此,货币工资只能上升,不能下降。不仅如此,由于人们具有"货币幻觉",即只看到货币的票面数值而不注意货币的实际购买力,他们会抵抗价格水平不变情况下的货币工资下降,却不抵抗工资水平不变情况下价格水平的提高。尽管这两种情况都会造成实际工资的下降,然而,由于"货币幻觉"的存在,他们会对相同的后果,采取截然不同的态度。

按照微观经济学理论,价格水平下降时,劳动需求曲线左移,工资水平下降,均衡劳动数量减少。由于货币下降刚性的原因,工资水平不能下降,导致劳动需求量减少幅度增加,劳动供给量大于劳动需求量,从而会出现劳动供给量过剩。

由于货币工资下降刚性的原因,当价格水平上升时,均衡劳动数量上升较慢;价格水平下降时,均衡劳动数量下降较快。

3. 总供给曲线

生产函数公式表示为:$q = f(L, K)$。相比较来说,劳动投入量比资本投入量容易变动,所以短期内往往将资本看作是不变要素,将劳动看作是可变要素,所以短期生产函数表示为$q = f(L)$。

总供给曲线反映的是价格水平与总产量之间的关系。价格水平上升时,均衡劳动数量上升,因此总产量也上升,由于均衡劳动数量上升较慢,所以总产量上升速度也较慢;价格水平下降时,均衡劳动数量下降,因此总产量水平也下降,由于均衡劳动数量下降较快,所以总产量下降速度也较快。

二、马克思主义失业理论概述

马克思失业理论是建立在科学劳动价值论基础之上的,其主要内

容是:

第一,相对剩余价值生产是失业现象的根本原因。资本主义生产的本质就是剥削剩余价值,而剥削剩余价值有两种方法,一种方法是通过增加劳动的总时间,增加剩余劳动时间所占比例,从而获得更多的剩余价值,这种方法叫作绝对剩余价值法。由于劳动人民的斗争,每天的工作时间被规定为 8 小时,绝对剩余价值法来增加剩余价值受到了抵制。第二种增加剩余价值的方法,叫作相对剩余价值法,这种方法不增加劳动的绝对时间,但是会增加劳动的强度和效率,这样,生产劳动力自身价值所需的必要劳动时间就被缩短了,而生产剩余价值的剩余价值时间就被延长了,从而使资本家的剩余价值增加。资本家为了增加剩余价值而提高劳动生产效率。而劳动生产率的提高又导致了劳动力人口的相对过剩,导致失业现象。

第二,资本有机构成的提高是失业人口产生的前提条件。使用相对剩余价值方法来增加剩余价值要求资本家提高劳动的生产效率,而要提高劳动的生产效率就需要提高机械设备在生产当中所占的比例,资本有机构成是不变资本价值和可变资本价值的比例,随着生产过程当中机械设备所占比例的增加,资本有机构成不断的提高。这意味着两种生产要素当中,劳动的使用量越来越少。这就造成了劳动的相对过剩,即失业。

第三,资本家对单个工人剥削程度的加深导致失业。资本家生产的目的是获得剩余价值,而获得剩余价值并不意味着资本家一定要雇佣更多的劳动力。这是因为劳动力的雇佣也存在固定成本,例如最低工资水平,给工人缴纳社会保险等。如果一个高效率的劳动力的产能等于两个低效率的劳动力的产能时,资本家更倾向于雇佣一个高效率的劳动力。随着越来越多的机械设备投入使用,劳动力的生产效率不断提高,资本家雇佣的工人数量相应的越来越少。

三、微观经济学劳动市场局部均衡理论存在的问题

在微观经济学劳动市场局部均衡理论当中,存在着一个逻辑上的错误,即劳动需求和劳动供给的单位不统一。在推导劳动市场需求曲线的过程中,单个厂商考虑的是工人的最佳雇佣数量,即在不同的工资水平条件下,厂商雇佣工人的最佳人数。劳动市场需求曲线是单个厂商劳动需求曲线的加总,所以劳动市场需求曲线反映的是工资水平与劳动人数需求量之间的关系;而在推导劳动市场供给曲线的时候,个人考虑的是个人每天劳动时间供给的多少。工资水平高,个人一天内就多提供一定时间的劳动;工资水平低,个人一天内就少提供一定时间的劳动。个人劳动供给曲线反映的是工资水平与个人每天劳动小时之间的关系。因此,劳动供给曲线反映的就是工资水平与每天劳动供给时间之间的关系。

综上所述,劳动市场局部均衡理论的生产者行为理论和消费者行为理论虽然反映的都是工资水平与劳动之间的关系,但生产者行为理论考虑的是劳动最佳雇佣量,是以人数为单位的;而消费者行为理论考虑的是个人每天最佳的劳动供给量,是以小时为单位的。生产者行为理论和消费者行为理论当中,劳动的单位不同。

由于劳动需求曲线和劳动供给曲线存在单位不同的问题,所以,劳动需求曲线和劳动供给曲线不能画在同一个坐标轴。这就导致了劳动市场均衡无法形成,不能形成均衡工资和均衡数量。为了将均衡价格理论运用到劳动市场当中,必须对劳动需求曲线和劳动供给曲线进行统一单位,要么劳动以人数为标准,要么劳动以小时数为标准。以人数作为劳动标准,就意味着对微观经济学中劳动供给曲线的证明进行修正;而以小时数作为

劳动标准,就需要对劳动需求曲线进行修正。

在现实生活当中,劳动供给时间一般是离散型函数而不是连续型函数,也就是说,消费者很难以小时为单位来决定自己的劳动供给量,劳动者往往是和厂商签订劳动合同,劳动合同一旦确定,就意味着劳动者每周需要工作 5 天,每天需要工作 8 小时,工作时间是不能随便增加或减少的。

另外,经济学是对社会经济现象的一种抽象,在对厂商进行研究的时候,从厂商的具体生产中抽象了本质,同样,对于劳动,也只能是抽象,不会细化到一个工人的具体工作时间,而只能进行假设,假设每一个工人可以每天的最大工作量是 8 个小时,需要的劳动多是指需要更多的劳动人口。

综上所述,在微观经济学的劳动市场理论当中,因为以工人数量作为劳动的单位,就需要对劳动供给曲线的证明进行修正。

四、劳动供给曲线推导的新尝试

(一) 人口的划分

首先,在宏观经济学中,一个国家的人口划分为劳动年龄人口和非劳动年龄人口。劳动年龄人口和非劳动年龄人口的划分是以 16 岁作为标准,年龄满 16 岁的人口被划分为劳动年龄人口,年龄不满 16 岁的人口则为非劳动年龄人口。对于是否劳动年龄人口的划分实际上是以年龄为客观标准来区分人是否具有劳动能力。劳动年龄人口被认为具备劳动能力,非劳动年龄人口被认为不具备劳动能力。

而劳动年龄人口又可以根据是否具有劳动意愿划分为劳动力人口和非劳动力人口,其中,劳动力人口是指有劳动意愿的劳动年龄人口,而非劳动力人口则为没有劳动意愿的劳动年龄人口。

实际生活当中,非劳动力人口主要分为三种情况:一是在校学生,二是退休人员,三是其他不从事社会劳动的劳动年龄人口。在宏观经济学中,我们可以将有劳动能力但没有劳动意愿的非劳动力人口看作自愿失业人口。所谓非自愿失业是指对当前工资水平不满意,在现行工资水平下,不愿意参加劳动的劳动年龄人口。

将劳动年龄人口划分为劳动人口和非劳动人口之后,宏观经济学进一步根据劳动人口是否具有工作岗位,将劳动人口进一步划分为就业者与失业者。就业者是具有工作岗位的劳动力人口。失业者是不具有工作岗位的劳动力人口。

划分就业者和失业者的标准是是否有工作岗位。在宏观经济学中,符合下述条件就被判断为有工作岗位:被调查者在调查前一周内至少有偿劳动 1 小时;为其家族厂商无偿劳动多于 15 小时;虽然不工作,但只是临时离开工作岗位或厂商。不符合上述标准的就是失业者。

非劳动人口和失业者的外在表现都是没有工作岗位,但二者还是有区别的,二者的区别在于非劳动人口没有劳动意愿,而失业者虽然没有工作岗位但有强烈的劳动意愿。所以区别二者的标准是:如果在调查前 4 周内,曾经努力寻找工作(等待重新上岗也算),则该调查者被认为处于失业状态。如果没有努力寻找工作,则被认为没有劳动意向,就被看作非劳动力人口。

(二)失业的简单分类

根据失业的原因不同,西方经济学家将失业分为四种类型:摩擦性失业、结构性失业、季节性失业和周期性失业。

摩擦性失业是一种由于时间上的差异而导致的失业,指由于正常的劳动周转所造成的失业,是使工人与工作相匹配的过程所引起的失业。它是由于经济运行中各种因素的变化和劳动力市场的功能缺陷所造成的临时性失业,如工人想转换工作岗位而出现的工作中断,新生劳动力找不到工作等。经济总是变动的,工人寻找最适合自己嗜好和技能的工作需要时间,一定数量的摩擦性失业必然不可避免,但是持续时间相对较短。

结构性失业是指由于技术、经济、产业结构变化以及生产形式、规模的变化而导致工作所需技能或工作地域变化所带来的失业。具体而言,在以下两种情况下会产生结构性失业:一是在某一特定地域范围,劳动者实际所供给的技能与劳动市场上所需要的技能之间出现了不匹配的现象,概括为职业不平衡;二是在不同地区,劳动供给和劳动需求出现了不平衡的现象,称为地区不平衡。在职业不平衡和地区不平衡的情况下都会产生结构性失业。结构性失业一般来说比摩擦性失业持续的时间长,因为结构性失业的劳动者往往需要重新培训或者更换地域环境才能重新找到一份工作。

季节性失业是指由于某些部门的间歇性生产特征而造成的失业。有些行业或部门因其自身生产条件或产品受气候、产品样式、风俗习惯或购买习惯的影响,使生产对劳动力的需求呈现季节性特征,出现劳动力的闲置,从而产生失业,主要表现在农业部门、建筑部门及某些加工业如制糖业。季节性失业是一种正常性的失业,它通过影响某些部门、某些行业的生产或消费需求而影响对劳动力的需求。

周期性失业一般出现在经济周期的萧条阶段,又称为总需求不足的失业,是由于整体经济的支出和产出水平下降即经济的周期性萎缩、总需求不足而引起的短期失业。这种失业与经济中周期性波动是一致的,在经济复苏和繁荣时期各厂商争先扩充生产,生产扩大对劳动力的需求增加,就业人数普遍增加,周期性失业率下降;在衰退和谷底阶段,经济萧条、社会需求不足,各厂商又纷纷压缩生产,生产萎缩导致其对劳动力的需求减少,甚至需要大量裁减雇员,形成令人头疼的失业大军,此时,周期性失业率上升。

(三)充分就业和自然失业率

在上述四种失业当中,摩擦性失业、结构性失业、季节性失业是不可避免的,经济学家也承认这三种失业的不可避免性,并称这三种失业为自然失业。所以当一个经济体中所有的失业都是摩擦性的、结构性的和季节性的失业,而不存在周期性失业,则认为该经济体达到了充分就业状态。也就是说,充分就业不是指所有劳动力人口都有工作岗位,或者说失业率为零。而是允许自然失业的存在,充分就业情况下的失业率就被称为自然失业率。

(四)总供给曲线的推导

在了解了人口的分类、失业的分类、充分就业和自然失业率的相关知识基础上,可以进行劳动市场供给曲线的推导。用纵轴表示工资水平;用横轴表示劳动数量,与微观经济学劳动供给推导不同,这里的劳动指的是工人的供给数量,是以人为单位。劳动市场供给曲线反映的是劳动供给量(工人供给量)与工资水平的关系。该关系分为三个阶段,下面我们逐一证明:

第一阶段,在现有工资水平不变的条件下,在达到充分就业水平之前,劳动市场供给曲线是一条水平的直线。

在这一阶段,首先工资水平不能下降,这是因为凯恩斯认为,货币工资具有下降刚性。货币下降刚性的基本含义是指工资的弹性不足,也即工资一旦确定之后具有不易变动的特性,尤其是工资不易下降。工资刚性产生于职工的工资不与其自身的劳动贡献和企业的经济效益挂钩的条件下,具体表现为:工资等级一经评定就具有相对稳定性,工资不能随劳动贡献和经济效益的变化而经常变动,工资待遇能上不能下,能增不能减,形成了终身待遇。由此可知,由于货币工资刚性的存在,工资水平很难下降。

　　另外,在这一阶段,工资水平也不会上升,这是因为在达到充分就业的劳动力数量以前,社会存在周期性失业人口。周期性失业人口是指在当前工资水平条件下,愿意进行劳动的劳动力人口,但是由于总需求不足,缺少工作岗位,所以处于失业状态的劳动力人口。一旦有需求,周期性失业人口可以立刻转化为劳动力人口,但社会的工资水平可以保持不变。也就是说,在达到充分就业前,经济社会能以不变的工资水平提供劳动力人口。

　　在这一阶段,工资水平既不随劳动供给的增加而增加,也不随劳动供给的减少而减少,所以劳动市场供给曲线表现为一条平行于横轴的直线。

　　第二阶段,劳动市场供给随工资水平上升而上升阶段。

　　充分就业是指除摩擦性失业、结构性失业、季节性失业,其他劳动力人口都有工作岗位的一种状态,是劳动力供给的最大值。但更准确地说,充分就业应该是工资水平不变条件下,劳动力供给的最大值。因为随着工资水平的提高,充分就业这一数值会发生变化,而变化的关键在于非劳动力人口,也就是说随着工资水平的提高,具备劳动能力的劳动者其就业意愿会越来越强。

　　劳动年龄人口划分为劳动力人口和非劳动力人口。劳动力人口是指愿意接受当前工资水平并且有劳动意愿的劳动年龄人口。而非劳动力人口是指虽然具备劳动能力,但不愿意接受现在的工资水平,因而没有劳动意愿的劳动年龄人口。货币工资具有下降刚性,但工人们不抵抗货币工资的提高。随着货币水平的提高,一方面劳动力人口会感到满意,而另一方面,原来的一部分非劳动力人口也会因为工资水平的提高,从非劳动力人口将转变为劳动力人口。随着工资水平的提高,越来越多的非劳动力人口会因为对工资水平的满意,从非劳动力人口转化为劳动力人口,这将使充分就业水平随工资水平的提高而提高。也就是说,随着工资水平的提高,在劳动市场需求量相对稳定的情况下,供给量增加了。

　　第三阶段,劳动市场供给不随工资水平上升而提高阶段。

劳动市场供给随工资水平上升而提高是因为随着工资水平的提高,越来越多的非劳动力人口转化为劳动力人口。非劳动力人口的数量是有上限的,当全部的非劳动力人口转化为劳动力人口时,即所有的劳动年龄人口是劳动力人口时,就达到了该社会劳动供给的最大值,此时,即使工资水平进一步提高,也不会有更多的劳动力人口。因此,当全部劳动年龄人口转化为劳动力人口后,劳动供给曲线表现为一条垂直的直线,即劳动供给不随工资水平的上升而增加。

劳动市场供给曲线的第二、三阶段只适用于工资水平上升的情况,当出于某种原因劳动市场需求水平下降时,出于货币工资刚性的原因,工资水平不会下降,但劳动供给量会减少,关于总需求下降时的劳动供给曲线,可以用棘轮效应予以描述。

棘轮效应在宏观经济学中用以解释消费行为,是指人的消费习惯形成之后有不可逆性,即易于向上调整,而难于向下调整。尤其是在短期内消费是不可逆的,其习惯效应较大。这种习惯效应,使消费取决于相对收入,即相对于自己过去的高峰收入。消费者易于随收入的提高增加消费,但不易于收入降低而减少消费,以致产生有正截距的短期消费函数。这种特点被称为棘轮效应。

同样可以将棘轮效用应用于劳动市场供给曲线,工资上升时,符合三个阶段,工资下降时,劳动供给曲线则表示为一条水平的直线。

微观经济学的劳动市场局部均衡理论存在需求曲线和供给曲线反映关系的不同。虽然需求曲线和供给曲线反映的都是劳动与工资水平之间的关系,但需求曲线反映的是需要雇佣的工人数量与工资的关系,而供给曲线反映的是劳动时间与工资的关系。需求曲线中的劳动是以人数为单位的,供给曲线中的劳动是以小时为单位的。由于需求曲线和供给曲线单位的不同,二者是不能画到同一个坐标系当中的,即均衡价格理论在劳动市场均衡理论当中无法正常使用。

为保证劳动市场均衡理论的有效性,就需要对劳动需求曲线或者劳动供给曲线的证明进行修正,从而统一单位。由于在现实生活当中,劳动的供给往往是以人数为单位的,所以选择对劳动供给曲线的证明进行修正。在新的证明过程当中,使用了宏观经济学人口划分、失业分类等相关知识,从社会人口角度对劳动供给曲线进行了重新证明。

劳动供给是一个总体经济问题,所以劳动供给曲线不应该从单个劳动者角度出发予以证明。而由于总体经济问题属于宏观经济学范畴,所以劳动市场局部均衡理论在宏观经济学中进行讲述更为合适。

参考文献

[1]毕晶.构建"课程思政"的"三位一体"——以《经济学》课程为例[J].山西财经大学学报,2020(S2).

[2]程舒通.职业教育中的课程思政:诉求、价值和途径[J].中国职业技术教育,2019(5).

[3]董勇.论从思政课程到课程思政的价值内涵[J].思想政治教育研究,2018(5).

[4]杜婕.情景实验教学在高职《微观经济学》中的运用[J].晋城职业技术学院学报,2017(3).

[5]高德胜,聂雨晴.论马克思主义学院在课程思政改革中的实践价值[J].思想政治教育研究,2020(1).

[6]贺勤志.宏观经济学开展课程思政教学路径探析[J].对外经贸,2020(8)

[7]刘承功.高校深入推进"课程思政"的若干思考[J].思想理论教育,2018(6).

[8]刘鹤,石瑛,金祥雷.课程思政建设的理性内涵与实施路径[J].中国大学教学,2019(3).

[9]刘建军.课程思政:内涵、特点与路径[J].教育研究,2020(9).

[10]刘曼琴.微观济学教学的问卷调查分析与教学改革[J].广东培

正学院学报,2007(2).

[11]娄淑华,马超.新时代课程思政建设的焦点目标、难点问题及着力方向[J].新疆师范大学学报(哲学社会社会科学版),2021(5).

[12]欧阳勤.《微观经济学》教学问题探讨[J].中外企业家,2015(13).

[13]邱伟光.课程思政的价值意蕴与生成路径[J].思想理论教育,2017(7).

[14]石丽艳.关于构建高校课程思政协同育人机制的思考[J].学校党建与思想教育,2018(5).

[15]陶韶菁,陈镇喜.课程思政:专业性和思政性的相统一相促进——以经济学类课程为例[J]华南理工大学学报(社会科学版),2020(6).

[16]王石,田洪芳.高职"课程思政"建设探索与实践[J].中国职业技术教育,2018(14).

[17]王万光.西方经济学课程思政建设问题初探——西方经济学课程教学中的价值观导向问题及其课程思政教学设计[J].大学教育,2019(8).

[18]王业雯.案例教学在微观经济学课程教学中的应用研究[J].科教导刊(上旬刊),2012(8).

[19]王振雷.论高校课程思政改革的三维进路[J].思想理论教育,2019(10).

[20]童霞.微观经济学的本科教学思考[J].无锡教育学院学报,2006(3).

[21]伍醒,顾建民."课程思政"理念的历史逻辑、制度诉求与行动路向[J].大学教育科学,2019(3).

[22]习近平.摆脱贫困[M].福州:福建人民出版社,1992.

[23]项锐.微观经济学教学模式的新尝试[J].经济师,2012(1).

[24]肖香龙,朱珠."大思政"格局下课程思政的探索与实践[J].思想理论教育导刊,2018(10).

[25]谢合亮.微观经济学教学改革的几点建议[J].时代金融,2012(15).

[26]鄢显俊.论高校"课程思政"的"思政元素"、实践误区及教育评估[J].思想教育研究,2020(2).

[27]杨国斌,龙明忠.课程思政的价值与建设方向[J].中国高等教育,2019(23).

[28]杨晓慧.关于高职思政课程引领协同课程思政的探讨[J].教育与职业,2019(18).

[29]张作民.经济学教学中案例教学法的应用[J].经济研究导刊,2010(24).

[30]周怀峰.普通本科微观经济学案例教学的几点思考[J].广西教育学院学报,2009(1).

[31]朱飞.高校课程思政的价值澄明与进路选择[J].思想理论教育,2019(8).